André Marchand / Andrée Letarte

Keine Panik mehr

André Marchand / Andrée Letarte

# Keine Panik mehr

*Selbsttherapie bei Panikattacken*

Aus dem Französischen von
Christoph Meier

Herder
Freiburg · Basel · Wien

Die Originalausgabe erschien unter dem Titel:
La peur d'avoir peur, © 1993
LES INTERNATIONAL ALAIN STANKE,
Montréal (Québec), Canada

Geruckt auf umweltfreundlichem,
chlorfrei gebleichtem Papier

# Inhalt

## II. Überwinden Sie Ihre Ängste

**5. Die Gefühls- und Vorstellungswelt neu gestalten und die Rolle der Psychopharmaka einschätzen**

# Danksagung

Wir danken allen Betroffenen, die aktiv an den Behandlungen teilgenommen haben, die wir im Laufe der letzten Jahre durchgeführt haben. Dank ihrer Hilfe konnten wir diesen Ratgeber veröffentlichen, der anderen Menschen mit denselben Problemen helfen soll. Ebenfalls danken wir all denen, die direkt oder indirekt an der Aufarbeitung, Auswertung und Behandlung in den verschiedenen Therapiegruppen beteiligt waren, die am Institut für Verhaltenstherapie des Louis-Hippolyte-Lafontaine-Krankenhauses und im Zentrum für Verhaltenspsychologie angeboten wurden. Die ganze Klinik- und Forschungsarbeit, die diesem Buch vorausging, wurde durch die Unterstützung der Verantwortlichen des Louis-Hippolyte-Lafontaine-Krankenhauses und der Universität von Québec in Montreal erleichtert.

Ein besonderer Dank gilt Carole Chardonnais und Suzanne Comeau sowie Robert Ladouceur und Paul Lewis für ihre fachgerechten Kommentare nach der Lektüre der ersten Manuskriptfassung.

# Einleitung

Seit einigen Jahren haben wir mehrere hundert Menschen behandelt, die an Panikstörungen leiden: Menschen, die mit der **Angst vor der Angst** leben müssen, mit der **Angst, die Selbstkontrolle zu verlieren,** mit der **Angst, eine Panikattacke zu bekommen.** Während der Therapie, bei Vorträgen und Diskussionen haben mehrere Teilnehmer den Wunsch geäußert, etwas über die Panikstörung mit Agoraphobie zu lesen.

Um so größer ist unsere Freude, Ihnen allen dieses Buch präsentieren zu können. Wir wissen, daß darauf sowohl die unmittelbar Betroffenen als auch deren Umfeld gewartet haben. Es wird vielen helfen, ihr Problem endlich besser zu verstehen, sich selbst zu behandeln oder wenigstens die Vorgänge während der Therapie besser zu begreifen.

Wir bemühten uns, so klar und einfach wie möglich darzustellen, worin die Panikstörung mit oder ohne Agoraphobie besteht. Sie wird von den Betroffenen häufig folgendermaßen beschrieben: **Sie haben Angst vor der Angst, sie haben Angst, die Selbstkontrolle zu verlieren, einen Herzanfall zu bekommen, das Bewußtsein zu verlieren, zu sterben, verrückt zu werden – kurz: die Angst, einen Panikanfall zu bekommen.** Dieser Ratgeber möchte Ihnen in mehrfacher Hinsicht nützlich sein.

Zunächst einmal möchten wir dieses Problem einem größeren Publikum näherbringen, weil es trotz der vielen Menschen, die damit im Laufe ihres Lebens konfrontiert werden, noch immer verkannt wird. Wir wollen dafür sowohl bei den Betroffenen selbst, den Angehörigen, den Selbsthilfegruppen, den Verwaltungen, den Fachverbänden und der breiten Öffentlichkeit als auch bei den Spezialisten, Ärzten, Psychologen und Psychiatern Verständnis erwecken. Denn bevor wir als

Fachleute konsultiert werden, haben sich die Leiden und ihre negativen Folgen oft schon verschlimmert, weil sie nicht schnell genug diagnostiziert und folglich nicht richtig behandelt wurden. Wir haben unser erstes Ziel erreicht, wenn dieses Buch Betroffenen hilft, schneller zu begreifen, was mit ihnen passiert, und ihnen zu einer besseren Diagnose verhilft.

Unser zweites Ziel besteht darin, die Angst zu reduzieren. Zunächst, geht es darum, besser zu verstehen, was mit Ihnen geschieht. Wir wollen deutlich machen, daß viele mit diesem Problem leben. Sie bilden sich Ihre Krankheit nicht ein, und Sie sind auch nicht allein betroffen. Wir wollen Sie ermutigen, indem wir Ihnen richtige Informationen, genaue Kriterien und praktisch erprobte Behandlungsmethoden an die Hand geben. Wir möchten Ihnen helfen, Ihr Leben wieder in den Griff zu bekommen.

Drittens bieten wir Ihnen zur Reduzierung Ihrer Angst ein individuelles Vorgehen, eine Selbsttherapie, an. Sie schafft die Grundlage dafür, Ihr Leben nicht mehr in Abhängigkeit von Ihrer Angst zu führen, sondern sich stärker auf Ihre Wünsche und Fähigkeiten zu konzentrieren.

Es ist uns wichtig, daß es den Betroffenen möglich wird, sich selbst zu behandeln oder auch eine psychotherapeutische Behandlung zu unterstützen. Vielen von Ihnen wird dies gelingen. Diejenigen, die mit einer Selbsttherapie Schwierigkeiten haben und lieber eine Psychotherapie machen, können auf jeden Fall selbst etwas tun. Es geht darum, „Spezialist" für die eigenen Probleme zu werden und die verfügbaren und wirksamen Behandlungsmethoden kennen zu lernen.

Nicht zuletzt kann dieses Buch den Fachleuten im Gesundheitswesen dazu dienen, sich über diese Problematik und ihre Folgen zu informieren. Sie können es als Nachschlagewerk für die Diagnose und Therapie der Panikstörung nutzen. Ihre Kenntnisse auf diesem Gebiet können vermehrt oder vertieft werden, d.h. unser Buch ist ein therapeutisches Instrument, das seinen Patienten nutzt.

Unser Buch ist ein einfaches und praktisches Arbeitsmittel. Das erste Kapitel erklärt die Unterschiede zwischen Angst und Phobie. Es erläutert, welche Kriterien für die Diagnose der verschiedenen Phobien angewandt werden, mit Schwerpunkt auf der Panikstörung mit Agoraphobie. Denn es ist wichtig, das Problem, an dem Sie leiden, zuerst als solches zu erkennen und zu verstehen, bevor Sie sich selbst therapieren.

Das zweite Kapitel veranschaulicht mit vielen Beispielen, wie eine solche Störung sich entwickelt: was bei der ersten Panikattacke passiert, was man macht, um die Angst zu umgehen, und wie man mit der ständigen Angst lebt, immer wieder von qualvollen Gefühlen heimgesucht zu werden.

Dann zeigen wir, wie man seine Probleme individuell genau einordnen und bewerten kann. Zwar bleibt die Störung immer die gleiche, aber jeder einzelne erlebt sie individuell und ist beeinflußt von seiner Geschichte und seiner Persönlichkeit. Dieser Teil ist sehr wichtig, da er hilft, sich richtig einzuschätzen und vor allem die Behandlung sinnvoll zu planen.

Das vierte und fünfte Kapitel beschreiben die unterschiedlichen Behandlungsmethoden. Im vierten Kapitel soll die Angst entmystifiziert werden; wir zeigen, wie man sich ohne allzu große Schwierigkeiten den angstauslösenden Situationen stellen kann. Im zweiten Schritt geht es darum, wieder die Kontrolle über unangemessene Vorstellungen in den Angstsituationen zu gewinnen. Diese Methoden, mit denen Sie die erschreckenden Gedanken und Bilder durch realistische Gedanken und Bilder ersetzen können, steigern Ihr Selbstvertrauen. Wir zeigen etwa, wie Sie die Atmung verbessern und die Angstgefühle in ihrer Intensiät und Häufigkeit einschränken können. Und schließlich wird es darum gehen zu lernen, die körperlichen Reaktionen der Furcht zu bewältigen. Hier gehen wir auch kurz auf die Rolle der Psychopharmaka ein.

Das sechste und letzte Kapitel dreht sich um eher allgemeine und präventive Maßnahmen, um Strategien, die das Selbstvertrauen und die persönliche Zufriedenheit fördern.

Ohne auf die konkreten Beschwerden direkt einzugehen, können diese Praktiken helfen, die neuen Erkenntnisse festzuhalten, indem das persönliche Wohlbefinden gesteigert und man gegen ein Wiederauftreten der Symptome unempfindlicher wird. Wir erläutern hier die Rolle der Umgebung, die einen sehr großen Einfluß sowohl auf das Fortbestehen wie auf die Lösung dieses Problems haben kann. Wie Selbsthilfegruppen arbeiten, stellen wir Ihnen am Schluß dieses Kapitels vor.

Wir möchten Ihnen ans Herz legen, diesen Ratgeber zunächst einmal in einem Zug durchzulesen. Danach sollten Sie ihn erneut durchgehen und mit der Selbsttherapie beginnen. Warum? Weil Sie sich Ihrer Sache sicherer sein können, wenn Sie einen Überblick über die Probleme haben, und weil Sie dann vermutlich die vorgeschlagenen Methoden zur Veränderung erfolgreicher einsetzen können. Außerdem ist die Agoraphobie ein komplexes Phänomen, wie im letzten Kapitel deutlich wird, und oft erweist es sich als nützlich, die verschiedenen Aspekte einer Behandlung zu kennen, um am richtigen Punkt anzusetzen.

Wir freuen uns, Ihnen diesen Schlüssel zur Veränderung geben zu können. Insbesondere wünschen wir uns, jenen, die an Panikstörung mit Agoraphobie leiden, die Hoffnung zurückzugeben, dieses Problem zu überwinden. Sie halten nun die Karten in Ihren Händen, und es kommt jetzt nur auf Sie an, die Karten auszuspielen, damit Sie Ihre Freiheit wiedergewinnen.

*André Marchand und Andrée Letarte*

# I.
# Verstehen Sie Ihre Ängste

# 1. Die Welt der Phobien

Viele Ausdrücke aus der Psychologie gehören heute zur Alltagssprache. So sind etwa folgende Sätze nicht ungewöhnlich: Onkel Albert hat eine Manie, Tante Gertrude eine Phobie, die Cousine Nicole Depressionen, und der Nachbar Gerhard leidet unter Burnout. Wenn man sich diese Aussagen einmal genauer anschaut, kann man feststellen, daß solche Diagnosen oft nicht zutreffen.

Die vermeintlichen Manien können sich als Zwangsvorstellungen erweisen, und hinter einer Verlegenheit kann eine Phobie stecken. Das Burnout-Syndrom wird zur Zeit mit allen möglichen Leiden in Verbindung gebracht: Man leidet lieber unter einem Burnout als unter einer Depression. Für uns Psychologen gibt es jedoch keine psychologischen Leiden, die „in" und dann einfacher zu tolerieren sind.

Solche irreführenden Bezeichnungen sind nicht schlimm, solange sie in der alltäglichen Unterhaltung gebraucht werden. Ernsthafte Folgen treten aber dann auf, wenn es um die richtige Behandlung geht. Es kommt Ihnen sicherlich nicht in den Sinn, Aspirin zu nehmen, wenn Sie eine Schnittwunde verarzten wollen. Das gleiche gilt für die unterschiedlichen Behandlungsmethoden bei psychischen Problemen.

So wollen wir in diesem Kapitel zunächst die verschiedenen Arten von Phobien darstellen. Wenn Sie die Behandlungsmethoden aus unserem Buch anwenden wollen, dann sollten Sie daran denken, daß es um Panikanfälle und Agoraphobie geht und nicht um andere psychische Probleme, für die unsere Methoden nicht geeignet sind.

# Was ist eine Phobie?

Grundsätzlich kann man sagen, daß der Mensch ein komplexes und vielschichtiges Wesen ist. Jeder einzelne verfügt über eine Art Gefühlsskala. Manche Gefühle erweisen sich als angenehm und erstrebenswert, z. B. Freude oder Überraschung. Andere Gefühle sind eher unerfreulich, z. B. Angst oder Wut. Solche Empfindungen werden immer als unangenehm wahrgenommen. Angst erweist sich bei echter Gefahr jedoch auch als wertvoll, weil sie uns zum Handeln antreibt, nämlich indem wir uns der Bedrohung entweder stellen oder davor fliehen.

Nun gibt es aber Menschen, die selbst in offensichtlich ungefährlichen Situationen von Angst befallen werden. Sie leiden an Störungen, die als „phobisch" bezeichnet werden. Manche Phobien haben nur geringe Auswirkungen, während andere Phobien bei den Betroffenen bis zur Handlungsunfähigkeit führen können. Die Panikstörung mit Agoraphobie erweist sich als die komplexeste unter den Phobien. Bevor wir diese näher betrachten, werden wir Angst und Phobie voneinander abgrenzen.

## a) Angst ...?

Angst ist nicht nur eine völlig normale Reaktion, sondern spielt eine große Rolle in unserem Leben. Eine Gefahrensituation nicht zu erkennen, kann dazu führen, sich noch größeren Gefahren auszusetzen. Angst wirkt als Alarmsignal auf unseren Abwehrmechanismus und sichert in bestimmten Situationen unser Überleben. Obwohl sie nicht angenehm ist, hat sie eine oft lebenswichtige Funktion. Sie macht auf eine Gefahr oder eine Bedrohung aufmerksam. Eine Gefahr kann unmittelbar auftreten, wenn beispielsweise ein Auto kommt, während man die Straße überqueren will. Sie kann auch gedanklich vorweggenommen werden, zum Beispiel wenn man nachts durch ein unsicheres Stadtviertel geht und sich vor einem Überfall fürchtet.

20

Angst bezieht sich auf eine spezifische und klar erkennbare Situation, von der eine reale gegenwärtige oder zukünftige Gefahr ausgeht. Darum empfindet jemand, der mitten im Wald plötzlich auf einen Bären stößt, genauso Angst wie jemand, der Morddrohungen erhält. **Die Angst wird als Furcht vor einer realen Gefahr definiert, d. h. sie ist begründet, angemessen und angebracht.** Das Auftreten dieses Gefühls alarmiert unseren Abwehrmechanismus: Die physiologischen Abläufe werden beschleunigt und beeinflussen unser Verhalten, damit wir der Gefahr erfolgreich begegnen können.

Menschen reagieren unterschiedlich auf Angst, und man kann drei Verhaltenstypen beobachten: den lähmenden Schrecken, die Flucht und den Angriff. Im ersten Fall erstarren die Personen an Ort und Stelle, bewegen sich nicht mehr und verstummen. Dieses Verhalten gleicht dem von Tieren, die plötzlich in der Bewegung erstarren. Opfer von Überfällen sagen manchmal, sie hätten sich zu sehr erschreckt, um noch zu schreien. Der zweite Reaktionstyp verhält sich genau entgegengesetzt: die Person erschrickt, schreit und flieht. Man könnte an eine Maus denken, die auf der Suche nach ihrem Loch in alle Richtungen läuft, oder an eine Katze, die auf der Flucht vor einem Hund auf einen Baum klettert. Das dritte Reaktionsmuster ist vor allem dann zu beobachten, wenn jemand nicht mehr fliehen kann: man sieht sich zum Angriff gezwungen. Vergleichen Sie dazu das Beispiel eines kleinen wilden Tieres, das Angst hat. Wenn es noch fliehen kann, wird es das ohne Zögern tun. Aber wenn es sich in die Enge getrieben fühlt und keinen Raum zur Flucht sieht, wird es etwa die Krallen ausfahren und sich trotz seiner Angst verteidigen.

Solche Angstreaktionen verursachen unangenehme Gefühle: Panik; ein flaues Gefühl im Magen; Verzweiflung; Verlangen zu weinen, wegzulaufen oder sich zu verstecken; Kribbeln in Händen und Füßen; Gefühl von Distanz oder Unwirklichkeit; lähmende Schwäche in den Gliedern; die

Empfindung, das Gleichgewicht oder das Bewußtsein zu verlieren. Diese unterschiedlichen Gefühle müssen nicht alle gleichzeitig auftreten. Oft nimmt man jedoch mehrere gleichzeitig wahr.

In Angstsituationen tritt ein bestimmter Teil unseres Nervensystems in Aktion. Verschiedene Mechanismen werden ausgelöst, um dem Organismus genügend sauerstoffreiches Blut für die Arm- und Beinmuskeln zu liefern, auch wenn dabei dem Magen und dem Darm unter Umständen Blut entzogen wird. Diese Umverteilung des Blutes bewirkt die unangenehmen Empfindungen im Bauch, und die Beschleunigung des Herzrhythmus und der Atmung löst die störenden Gefühle in der Brust und im Kopf aus.

Offensichtlich ist die Angst ein ziemlich komplexer Prozeß, der sich aus verschiedenen körperlichen und psychischen Reaktionen zusammensetzt. All diese Empfindungen, ob tatsächlich nützlich oder nicht, sind die normale Antwort des Organismus auf eine Gefahrensituation – unser Körper befindet sich in Alarmbereitschaft.

### b) ... oder Phobie?

Die Phobie ist eine spezielle Form der Angst. Sie zeichnet sich dadurch aus, daß die Reaktion in einem Mißverhältnis zur Situation steht. **Bei der Phobie handelt es sich um eine irrationale und unbegründete Angst in einer objektiv ungefährlichen Situation.** Ein phobischer Mensch kann seine Angst weder erklären noch begründen, sie entgleitet seiner Kontrolle und drängt ihn dazu, der Furcht einflößenden Realität aus dem Weg zu gehen. Während die Angst oftmals eine vitale Funktion hat, ist die Phobie eine unangemessene Reaktion.

Meist ist sich der Phobiker bewußt, daß sein Angstverhalten irrational ist. Er weiß eigentlich, daß ihn der Gegenstand seiner Furcht nicht ängstigen muß. Er ist sich darüber im klaren, daß die anderen diese ihn ängstigende Sache als ungefährlich ansehen. Trotzdem gelingt es ihm nicht, seine Angstreaktion, nämlich sein Erstarren oder Fluchtverhalten, in den Griff zu bekommen.

Diese widersprüchliche Haltung zeigt sich deutlich bei einer Frau, die uns wegen ihrer Insektenphobie konsultiert hat. Sie verriegelt im Sommer nicht nur hermetisch alle Fenster, sondern sie meidet ländliche Gegenden und alle Orte, wo Blumen und Sträucher wachsen. Sie mußte schon häufig aus dem Bus steigen, nur weil sie eine Mücke entdeckte. Einmal ist sie sogar ins Wasser gesprungen, um vor zwei Schmetterlingen zu flüchten, die um sie herumschwirrten. Überall, wo sie hinkommt, muß sie alles gründlich untersuchen, um sicherzustellen, daß es keine Insekten gibt. Sie erkennt zwar, daß ihr Verhalten übertrieben ist, trotzdem ist sie nicht in der Lage, sich anders zu verhalten.

Es gibt verschiedene Phobien, die auch in ihrer Intensität variieren. **Alle Menschen können Phobien entwickeln.** Dieses Phänomen findet sich in allen sozialen Schichten, unabhängig vom Bildungsniveau, vom Alter, von der Volkszugehörigkeit oder von der Religion. Es scheinen weniger Männer als Frauen betroffen zu sein, aber vielleicht nur deshalb, weil die Frauen eher zum Arzt oder Therapeuten gehen. Wir möchten betonen, daß Menschen mit Phobien nicht „verrückt" sind. Selbst wenn die Angstzustände extreme Formen annehmen, sind sich diese Personen in aller Regel der Irrationalität ihrer Furcht bewußt und behalten ihr Urteilsvermögen.

Es handelt sich nicht um Feiglinge, denen es an Willen oder moralischer Kraft mangelt. Versuchen Sie doch einmal, sich ein Ereignis aus Ihrem Leben ins Gedächtnis zu rufen, das Sie in Panik versetzt hat: Genau so empfindet ein Phobiker in der Angstsituation. Ob die Umstände tatsächlich gefährlich sind oder nicht, ändert überhaupt nichts an der Intensität seines Angstgefühls. Sie werden verstehen, daß Sie einem Betroffenen weder durch falsche Toleranz noch durch scherzhafte Bemerkungen, noch durch Druck helfen können.

Menschen mit Phobien leiden oft am mangelnden Verständnis ihrer Umgebung. Sie schämen sich ihrer Angst und versuchen häufig, sie solange wie möglich zu verbergen. Wenn sie ihre Angst nicht mehr verheimlichen können, klagen sie nicht selten ausschließlich über die physiologischen Symptome der Phobie, beispielsweise Kopfschmerzen, Müdigkeit oder Durchfall. Dieses Verhalten trägt jedoch dazu bei, daß sich die Phobiker noch tiefer in ihre Probleme und Ängste verstricken.

## Die verschiedenen Arten von Phobien

Es gibt verschiedene Arten von Phobien. Wir wollen hier den Fall der drei Valentin-Schwestern untersuchen, die sich für den Besuch eines Festes im Freien fertigmachen. Während der Vorbereitungen beginnt Franziska von ihrer Angst vor Nattern zu sprechen; deshalb zögere sie, zur Party zu gehen. Ihre Schwester Michaela antwortet ihr, es sei absolut lächerlich, sich vor einem so kleinen Tier zu fürchten, das sich sicherlich beim Anblick ihrer großen Gummistiefel verstecken würde. Sie erzählt nun ihrerseits, sie beginne schon bei der bloßen Vorstellung zu zittern, andere könnten ihr beim Essen zuschauen, wovor sie eine Heidenangst habe. Seit Jahren vermeide sie gesellschaftliche Treffen, bei denen sie vor anderen essen müsse.

Während Franziska und Michaela sich gegenseitig von der Lächerlichkeit ihrer Furcht zu überzeugen versuchen, fühlt sich plötzlich Christine bei dem Gedanken unwohl, auf der Autobahn fahren zu müssen, um zur Feier zu kommen. Sie ist seit zwei Jahren nicht mehr auf der Autobahn gefahren. Zusätzlich befürchtet sie, so weit weg von zu Hause durchzudrehen. Wir können also festhalten: Franziska leidet an einer Schlangenphobie, Michaela leidet an einer sozialen Phobie und Christine an einer Agoraphobie.

Man kann vor fast allem eine Phobie entwickeln: vor Tieren (Zoophobie), Flugzeugen (Aerophobie), Blut (Hämatophobie), Wasser (Hydrophobie), Brücken (Gephyrophobie), geschlossenen Räumen (Klaustrophobie), Dunkelheit (Skotophobie). Die Liste ist lang. Manche Phobien wirken schlimmer als andere. Zum Beispiel besteht die Gefahr, daß jemand, der Angst vor dem Schlucken hat (Phagophobie), aus Furcht vor dem Erstikken nichts mehr ißt; oder ein anderer geht wegen seiner Insektenphobie (Entophobie) den ganzen Sommer lang nicht mehr vor die Tür. Dagegen bedeutet eine Schlangenphobie (Herpetophobie) für Städter nichts Dramatisches. Um sich nicht von der Vielfalt der Phobien verwirren zu lassen, unterscheidet man zwei Gruppen: die einfachen Phobien und die komplexen Phobien.

### a) Die einfachen Phobien

Diese Form der Phobie wird durch einen bestimmten Gegenstand oder eine bestimmte Situation verursacht. Dies ist z.B. bei der Schlangenphobie von Franziska der Fall.

Betrachten wir ein anderes Beispiel. Paul berichtet, ihm sei in geschlossenen Räumen unwohl, aber er könne damit ziemlich gut umgehen. Seine Phobie äußerte sich das erste Mal während einer Zugreise, als er in einem Schlafwagen schlafen mußte. Er war seit seiner Kindheit nicht mehr verreist. Als er auf die Leiter steigt, um ins Bett zu gelangen, merkt er plötzlich: sein Herz schlägt schneller, sein Atem geht schwerer, und eine wachsende Angst befällt ihn. Er hat nur einen Gedanken: ans Fenster zu stürzen, es zu öffnen und den Kopf rauszustrecken. Er hält diesen irrationalen Drang einen Augenblick lang aus, aber dann muß er kapitulieren: Er verbringt die Nacht mit Hin- und Hergehen auf dem Gang.

Ein Jahr später – er hat dieses unangenehme Erlebnis vergessen – wird seine Erinnerung daran wieder geweckt. Erneut überfällt ihn die Angst. Dieses Mal reist er auf einem Schiff,

und er durchwacht die Nacht, indem er an Deck spazieren-
geht. Nachdem er sein Problem analysiert hat, kommt er zu
folgendem Ergebnis: Die notwendigen Bedingungen für den
Ausbruch seiner Phobie sind ein Bett in einem sich bewegen-
den Fahrzeug sowie ein gleichmäßiges und monotones Ge-
räusch (die Zugräder auf den Gleisen, der Schiffsmotor). Diese
Umstände lösen bei Paul die Erinnerung an eine Reise aus, die
er mit 17 Jahren gemacht hat und in deren Verlauf er eine
schlimme Lebensmittelvergiftung erlitt.

Natürlich bleiben diese Erklärungen für seine Phobie und
deren Fortbestehen bruchstückhaft. Trotzdem sind sie plausi-
bel. Da die Faktoren, die sein Unwohlsein verursachen, sehr
spezifisch sind, fällt es ihm nicht schwer, die angstauslösenden Situationen zu vermeiden. Deshalb hat er sich nicht um
eine Therapie gekümmert; er hat gar kein Bedürfnis danach.

Es gibt einfache Phobien, die sich infolge eines individuellen Erlebnisses herausbilden. Die Angst vor Dunkelheit,
Höhe, Blut, Wasser oder vor dem Zahnarzt gehören gewöhnlich in diese Kategorie. Auch die Tierphobien lassen sich hier
einreihen: die Angst vor Spinnen, Hunden, Katzen, Schlangen
oder Ratten. Diese Geschöpfe können ekelerregend und gefährlich erscheinen, auch wenn sie es selten tatsächlich sind.
Die zahlreichen einfachen Phobien haben in dem Gefühl der
Angst ihren einzigen gemeinsamen Nenner.

### b) Die komplexen Phobien

Im Unterschied zu den einfachen Phobien sind die komplexen
Phobien schwieriger zu analysieren und zu behandeln. Sie
werden von oft nicht klar bestimmbaren, manchmal äußeren,
manchmal inneren Reizen verursacht. Bei den komplexen
Phobien unterscheidet man die soziale Phobie und die Panikstörung mit Agoraphobie.

## Soziale Phobie

Die soziale Phobie meint eine dauerhafte irrationale Angst, von anderen beobachtet, gedemütigt oder negativ beurteilt zu werden. Menschen mit dieser Phobie empfinden eine Angst, die sich am ehesten als Ängstlichkeit gegenüber anderen Meinungen kennzeichnen läßt. Solche Phobiker werden tendenziell bestimmte soziale Tätigkeiten vermeiden, damit sie nicht mit ihrer Angst, als dumm oder unnormal zu gelten, konfrontiert werden. Einige unter ihnen, wie zum Beispiel die oben erwähnte Michaela, haben Angst, in der Öffentlichkeit zu essen oder zu trinken. Sie befürchten, daß sie zu zittern anfangen, wenn sie ein Messer oder eine Gabel zur Hand nehmen oder eine Tasse zum Mund führen. Andere wiederum haben Angst, zu erröten oder zu stottern. In allen Fällen hegen die Betroffenen die Furcht, negativ aufzufallen und beurteilt zu werden. Diese Angst kann sie daran hindern, öffentliche Transportmittel zu benutzen, ins Theater zu gehen oder einen öffentlichen Platz aufzusuchen, ja sogar eine Arbeit anzunehmen, wo sie von Kollegen beobachtet werden könnten.

Als Sophie zu uns kam, bat sie direkt um eine Behandlung ihrer Panikstörung mit Agoraphobie. Sie hatte sich selbst so diagnostiziert, weil sie große Angst im Bus hatte, der sie zur Arbeit brachte und den sie mied, wenn sie ausging. Mit 20 Jahren führte sie ein sehr abgeschottetes und unauffälliges Leben. Die Analyse der Motive für ihr Unwohlsein machte schnell klar, daß sie eher an einer sozialen Phobie als an einer Panikstörung mit Agoraphobie litt. Sophie fürchtete nichts mehr als das Urteil der anderen. Im Bus hatte sie Angst, von den Leuten angestarrt und für unnormal gehalten zu werden. Ständig befürchtete sie, wegen ihrer Kleidung oder Frisur kritisiert oder beurteilt zu werden. Darum beschränkte sie ihr Ausgehen auf absolut notwendige Aktivitäten, nämlich auf ihre Arbeit und die Therapiesitzungen. Denken Sie daran: Sophie hatte keinerlei ersichtlichen Grund, sich als nicht normal einzuschätzen. Sie ging erst aus dem Haus, nachdem sich

sich sorgfältig zurechtgemacht hatte und achtete sehr darauf, nicht aus dem Rahmen zu fallen.

Dieses Beispiel zeigt klar, welche Probleme bei der Diagnose auftauchen können. Es versteht sich von selbst, daß die therapeutischen Maßnahmen bei Sophie anders ausfallen müssen als bei jemandem mit Agoraphobie.

*Panikstörung mit Agoraphobie – diagnostische Kriterien*
Der Ausdruck „Agoraphobie" wurde 1871 eingeführt: Er bezeichnete die Angst, auf die Straße zu gehen oder einen öffentlichen Platz aufzusuchen. Der Begriff „Agoraphobie" setzt sich aus dem griechischen Wort „agora" („öffentlicher Platz") und dem Wort „Phobie"(„Furcht") zusammen. Heute verstehen wir dieses Phänomen besser. Deshalb wird es präziser definiert: In Zukunft sprechen wir von der **Panikstörung**, der **Agoraphobie** und der **Panikstörung mit Agoraphobie**.

Reden wir zuerst von der **Panikstörung mit Agoraphobie**. Diese Störung wird durch **das Auftreten von Panikattacken** bestimmt, **häufig ohne Vorankündigung. Das dominante Symptom ist ein extremes, intensives und quälendes Angstgefühl** – daher kommt der Ausdruck „Panik". Es wird von zahlreichen organischen Symptomen begleitet. Hauptsächlich handelt es sich dabei um Brustschmerzen, Atemnot und Erstickungsgefühle, Ohnmachts- und Schwindelgefühle sowie Realitätsverlust. Die Intensität und die Vielfalt der Symptome hängen sowohl von der Ursache der Angst als auch von der Reaktion darauf ab. Diese Symptome tragen dazu bei, daß die Betroffenen den Eindruck von einer unmittelbar bevorstehenden Katastrophe haben: Sehr oft haben sie während einer Panikattacke Angst, an einem Herzanfall zu sterben, das Bewußtsein zu verlieren, verrückt zu werden oder die Selbstkontrolle zu verlieren.

Die Panikstörung ist praktisch immer mit einem „Vermeidungsverhalten" gekoppelt. Die Betroffenen befürchten das Wiederauftreten der Panikanfälle an Orten, wo diese zum erstenmal auftraten. Deshalb versuchen sie, diese Stellen zu umgehen. Sie haben Angst, erneut in Panik zu geraten. Dieses Verhalten, **bestimmte Situationen zu vermeiden**, nennt man **Agoraphobie**.

Wenn **ein Mensch Panikanfälle bekommt und zahlreiche Situationen zu vermeiden versucht**, dann sprechen wir von **Panikstörung mit Agoraphobie**. Das Vermeidungsverhalten tritt hauptsächlich an Orten mit vielen Menschen auf, wo ein schnelles Weggehen schwierig sein könnte. Manchmal haben die Betroffenen Angst davor, sich allein in eine solche Situation zu begeben, weil sie fürchten, keine Hilfe zu erhalten, falls notwendig. Die meisten Menschen mit Agoraphobie machen sich Sorgen, daß sie in kritischen Situationen die Kontrolle verlieren könnten. Sie fürchten sich vor den physischen Reaktionen, denen sie schlimme Konsequenzen zuschreiben. Sie haben Angst, in Momenten des körperlichen Aufruhrs und Gefühlsschocks die Kontrolle zu verlieren oder verrückt zu werden. Darunter leidet die Mehrzahl der Menschen mit Panikanfällen. Es ist die Panikstörung mit Agoraphobie, bei der Panik und Vermeidungsverhalten gleichermaßen auftreten.

Manche Psychologen beschreiben auch das Phänomen „Agoraphobie ohne Panikstörung". Danach gibt es Personen, die bestimmte Situationen vermeiden, ohne jemals Panikanfälle zu bekommen. Ob dieser Phobietyp tatsächlich so existiert, ist umstritten. Deshalb begnügen wir uns hier, von dem häufigsten und komplexesten Problem zu sprechen, nämlich **der Panikstörung mit Agoraphobie**.

Wir möchten die Panikstörung mit Agoraphobie am Fall von Renate veranschaulichen. Sie ist 42 Jahre alt und wohnt in einem Vorort von Montreal. Sie und ihr Ehemann besitzen ein großes Haus, das sie jedoch nur verläßt, um ein Minimum an Kontakten mit der Außenwelt aufrechtzuerhalten. So geht sie etwa nur noch in die Kirche, wenn sie sich in die letzte Reihe zum Ausgang hin setzen kann, damit sie schnell nach draußen kann, falls sie in Panik geraten sollte. An einem

Sonntag waren die letzten Bänke besetzt, so daß sie die Kirche verlassen mußte. Renate berichtet, daß sie ihre erste Panikattacke in der Kirche erlebte. Sie erklärt, es wäre ihr schrecklich peinlich, wenn sie hinausgehen müßte oder wenn sie mitten in der Menge ohnmächtig würde. Allerdings kann sich Renate nicht erinnern, jemals in aller Öffentlichkeit ohnmächtig geworden zu sein. Trotzdem hat sie ein ungutes Gefühl und Angst, bewußtlos zu werden, sobald ihr Herz zu klopfen anfängt. Auch kann sie sich nicht mehr an Aktivitäten in ihrem Wohnviertel beteiligen. Andererseits akzeptiert sie, daß Leute sie besuchen oder sich bei ihr treffen. Die meiste Zeit läuft ihr einziger Kontakt zur Außenwelt über das Telefon oder das Fernsehgerät. Kein Zweifel: Renate leidet an Panikstörung mit Agoraphobie!

Die Agoraphobie tritt überwiegend in folgenden Situationen auf: auf Straßen, in Geschäften, in Menschenmengen und in geschlossenen Räumen wie Fahrstühlen, Theatern, Kinos oder Kirchen. Sie äußert sich auch als Angst, die U-Bahn, den Zug, den Bus, ein Schiff oder Flugzeug zu benutzen, gewöhnlich aber nicht als Angst, mit dem Auto zu fahren. Schwierigkeiten bereitet außerdem das Überqueren von Brücken, das Durchfahren von Tunnels, der Besuch beim Friseur, das Alleinsein zu Hause oder das Verlassen der Wohnung. Die Panikstörung mit Agoraphobie kann mit mehr oder weniger intensiven Panikattacken auftreten. Sie ist häufig mit Depressionen, Zwangsvorstellungen und Realitätsverzerrungen verbunden.

Menschen, die an Panikstörung mit Agoraphobie leiden, haben Angst, daß ihre körperlichen Empfindungen Vorboten von noch schlimmeren physischen und psychischen Beschwerden sind, zum Beispiel von einem Herzinfarkt oder einer Ohnmacht, von Wahnsinn oder Tod. Diese intensive Angst, die „Panikattacke", drängt sie dazu, die eigentlich ungefährliche Situation, in der sie sich befinden, schnellstmöglich zu verlassen. Nach einem solchen Erlebnis empfinden sie die genannten Beschwerden und vermeiden zunehmend die damit verbundenen Situationen. Sie entwickeln eine Angst vor der Angst. Sie befürchten zutiefst, daß ihr Leiden unumkehrbar ist und daß es nie mehr so wie vorher sein wird.

Als Arzt, der Kontakt zu vielen Agoraphobikern hat, ist man immer wieder davon überrascht, wie ähnlich die Symptome beschrieben werden: Schwäche, Übelkeit, Herzklopfen, Atemschwierigkeiten, Schwindelgefühle werden immer wieder genannt. Die Betroffenen sind überzeugt, am Rande einer Ohnmacht oder eines Herzanfalls zu stehen. Sie verspüren das unwiderstehliche Bedürfnis, wegzulaufen oder zu schreien oder beides auf einmal zu tun. Manchmal haben sie ein Gefühl von Unwirklichkeit, den Eindruck, von der Umwelt abgeschnitten zu sein, oder das Gefühl, verkehrt herum durch ein Fernglas zu schauen. Ein Patient sagte, daß er den Eindruck hatte, „außerhalb der Realität" zu stehen, daß er sich handeln sah, ohne wirklich daran teilzunehmen.

Die Panikattacken dauern in der Regel nur wenige Minuten. Die physiologischen Reaktionen, die sie verursachen, lassen schnell nach. Die Auswirkungen der Panikstörung mit Agoraphobie können sich jedoch langsam, sogar schleichend entwickeln. Die ersten Panikanfälle können zeitlich sehr weit auseinander oder nahe aneinander liegen. In bestimmten Fällen wachsen die Beschwerden mit den Vorahnungen und erreichen ihre maximale Intensität während der angstauslösenden Situation. Nach solchen Krisen wird der Betroffene sehr oft seinen Arzt aufsuchen, weil er glaubt, daß er an einem körperlichen Übel (beispielsweise Herzbeschwerden) leidet, an einem neurologischen Problem oder einer Störung des seelischen Gleichgewichts. Nach einer Reihe von Untersuchungen, die keine genaue organische Ursache ergaben, wird der Arzt seinem Patienten raten, einige Tage zu Hause zu entspannen, oder er wird ihm ein Medikament zur Verminderung der Angst verschreiben.

Nach Renates Erklärung begannen ihre Probleme damit, als

sie plötzlich das Gefühl hatte, in aller Öffentlichkeit einen Herzanfall zu bekommen. Kurz darauf fühlte sie sich jedesmal unwohl, wenn sie in die Nähe des fraglichen Platzes kam. Die Angst wuchs jedesmal, wenn sie sich mit der gleichen oder mit einer ähnlichen Situation konfrontiert sah. Sie versuchte ohne großen Erfolg, ihre Angst in den Griff zu bekommen bzw. auszuschalten. Sie schaffte es jedoch nur, die Situation zu vermeiden. Dabei bemerkte sie, daß die körperlichen Reaktionen verschwanden, sobald sie zu Hause war. Allmählich vermehrten sich die Angstsituationen und ihre Ängste. Jedesmal, wenn sie eine neue Situation vermied, isolierte sie sich ein Stück weiter.

Renate hatte ein unerwartetes Panikerlebnis durchgemacht, dessen Ursachen vielfältig sein können. Für sie war dieses Ereignis mit der Umgebung, in der es zum erstenmal stattgefunden hatte, oder mit ähnlichen Umgebungen untrennbar verknüpft. Die Phobie nahm immer größere Ausmaße an und beherrschte ihr Leben immer mehr.

In ihrem Umfeld hatte sich nichts geändert, aber in ihr hatte sich etwas geändert. Ihre Interpretation dessen, was sie während der ersten Panikattacke erlebte, wirkte sich stark auf ihre späteren Reaktionen aus. Die permanente Angst vor einer Katastrophe verursachte zahlreiche Probleme. Ein Phobiker stellt sich oft vor, daß ihm beim kleinsten Schritt etwas zustößt (z. B. auf einem harmlosen Spaziergang). Diese Furcht verwandelt sich schrittweise in eine diffuse Panik.

Viele, die an Agoraphobie leiden, leben nicht allein. Deshalb betreffen ihre Ängste fast immer auch Personen aus ihrer nächsten Umgebung. In dem Maße, wie sie das Feld ihrer Aktivitäten einschränken, wird auch das familiäre Umfeld in Mitleidenschaft gezogen. Es gibt Fälle, bei denen die Betroffenen fordern, bis zum Arbeitsplatz begleitet zu werden. Andere wiederum können nur in Begleitung aus dem Haus gehen, oder sie verzichten ganz auf auswärtige Aktivitäten, natürlich ebenfalls auf Kosten der Angehörigen. Es gibt auch Personen, die ihr soziales Handeln vollkommen einstellen oder zumindest auf ein Minimum reduzieren. Sie verlangen dann die ständige Anwesenheit von jemandem, damit sie nicht in Panik geraten, wenn sie allein sind.

Man begegnet oft Menschen, die viele Jahre lang ihre Agoraphobie verheimlichen konnten. Wenn sie ein Auto besitzen, kann ihre Phobie lange Zeit unerkannt bleiben. Denn selbst Personen mit ausgeprägter Agoraphobie fühlen sich oftmals im eigenen Fahrzeug sicher, während sie andere Verkehrsmittel nicht benutzen können. Dieses widersprüchliche Verhalten läßt sich folgendermaßen erklären: Die Ängste bleiben aus, wenn man das Transportmittel kontrollieren kann oder die Möglichkeit hat, an einen sicheren Ort zu kommen, wann immer man will. Ähnliches gilt für betroffene Personen, die zu Hause arbeiten oder sich um die Kinder kümmern – sie können dadurch ohne weiteres über längere Zeit ihre Probleme vor der Umwelt verbergen.

Sie erhalten nun einen Überblick über die diagnostischen Kriterien für jeden Phobietyp.

### Diagnostische Kriterien

**Einfache Phobie**
- Es besteht eine anhaltende Angst vor einem bestimmten Reiz (anders als bei der Panikattacke oder der sozialen Phobie).
- Die Konfrontation mit dem phobischen Objekt erzeugt eine direkte Angstreaktion.
- Das Objekt oder die Situation werden vermieden oder lösen ein intensives Angstgefühl aus.
- Die Angst beeinträchtigt den Tagesablauf und verursacht ein Gefühl der Angst vor der Angst.
- Der Phobiker weiß, daß seine Furcht übertrieben ist.
- Die Phobie wird nicht durch andere pathologische Ursachen ausgelöst.

**Soziale Phobie**

- Es kommt zu Angst vor Situationen, in denen man der Beobachtung anderer ausgesetzt ist, weil man befürchtet, gedemütigt oder in Verlegenheit gebracht zu werden.
- Die Phobie hat keine anderen pathologischen Ursachen.
- Der Auslöser der Phobie führt im allgemeinen zu einer direkten Angstreaktion.
- Die phobischen Situationen werden vermieden oder mit einem intensiven Angstgefühl erlebt.
- Das Vermeidungsverhalten beeinträchtigt das Berufsleben und die sozialen Kontakte des Betroffenen und erzeugt ein Gefühl großer Angst vor der Angst.
- Der Phobiker weiß, daß seine Furcht übertrieben ist.

**Panikstörung**

- Eine oder mehrere Panikattacken tauchen plötzlich auf.
- Es müssen mindestens vier der folgenden Symptome während einer Panikattacke auftreten:
  - Atemnot und Erstickungsgefühle
  - Schwindelgefühle
  - Herzklopfen
  - Zittern
  - Schwitzen
  - Beklemmungsgefühle
  - Übelkeit
  - Realitätsverlust
  - Benommenheit
  - Hitzewallungen oder Kälteschauer
  - Brustschmerzen
  - Angst zu sterben
  - Angst, verrückt zu werden oder die Selbstkontrolle zu verlieren.
- Die Symptome treten manchmal ganz massiv und plötzlich auf und steigern sich in den ersten zehn Minuten.
- Eine organische Ursache für die Störung liegt nicht vor.

34

**Panikstörung mit Agoraphobie**

- Vergleichbar mit den Kriterien für die Panikstörung.
- Es entsteht eine Furcht vor Plätzen oder Situationen, die man nur schwierig oder mit einem peinlichen Gefühl verlassen kann oder bei denen man im Falle von Panik keine Hilfe erwarten kann.
- Die Angst bedingt eine Einschränkung der Mobilität oder erzeugt das Bedürfnis, sich außerhalb der Wohnung nur in Begleitung zu bewegen.
- Das Alleinsein außerhalb des Hauses oder der Aufenthalt in einer Menschenmenge oder in einer Warteschlange, auf einer Brücke oder in einem Bus, einem Zug oder einem Auto sind typische Situationen, die Agoraphobie auslösen.

*Übersicht nach dem DSM-III-R: Diagnostisches und Statistisches Handbuch psychischer Störungen; übersetzt nach der Revision der 3. Auflage des Diagnostic and Statistical Manual of Mental Disorders der American Psychiatric Association, Washington DC, 1987.*

## Die Panikstörung mit Agoraphobie: ein häufiges Problem

Die Panikstörung mit Agoraphobie und die soziale Phobie sind die in der Praxis am häufigsten vorkommenden Phobien. Danach kommt die Angst vor kleinen Tieren und Insekten, dicht gefolgt von der Furcht vor ganz bestimmten Situationen wie der Angst vor Leere, Dunkelheit, Gewittern, Fahrstühlen usw. Die Betroffenen wenden sich selten an einen Facharzt, um ihre Furcht vor Tieren, Blut oder Krankheit behandeln zu

lassen. Die meisten schaffen es, mit ihren Phobien zurechtzukommen, ohne daß ihre Lebensqualität allzusehr darunter leidet.

Wenn man speziell von Personen mit Panikstörung spricht,
entweder mit oder ohne Agoraphobie, so sind schätzungs-
weise etwa zwei Prozent betroffen. Diese Störung kann jeden
treffen, unabhängig von seinen intellektuellen Fähigkeiten,
seinem Beruf, seinem sozio-ökonomischen Status, seiner Religion und seiner ethnischen Zugehörigkeit. Dennoch zeigen
bestimmte Menschen eine größere Empfänglichkeit. Es leiden
mehr Frauen als Männer daran. Statistiken zeigen auch, daß
Panikstörungen vor allem bei Singles oder Geschiedenen mit
geringerer Schulbildung im Alter von 30 bis 45 Jahren auftreten. Die ersten Panikattacken ereignen sich in der Regel im
Alter von 18 Jahren.

Es ist sehr wichtig festzuhalten, daß betroffene Personen oft
mehrere Jahre warten müssen, bevor die richtige Diagnose gestellt wird und geeignete Maßnahmen ergriffen werden. Ihre
Beschwerden verschwinden nur sehr selten ohne Behandlung.
Daher leiden manche schon seit fünf bis zehn Jahren, wenn
sie das erste Mal in die Praxis kommen. Die Panikstörung mit
Agoraphobie ist ein verbreitetes Phänomen. Wenn Sie darunter leiden, wissen Sie, daß Sie nicht die einzigen sind.

## Zusammenfassung

Wir haben die Unterschiede zwischen der Angst und der Phobie kennengelernt: Die Angst verkörpert ein begründetes und
notwendiges Gefühl gegenüber einer Gefahrensituation, während die Phobie eine Angstreaktion darstellt, die der eigentlich ungefährlichen Situation nicht angemessen ist. Wir haben uns mit den verschiedenen Phobietypen vertraut gemacht: mit der einfachen Phobie und mit den komplexen

Phobien, nämlich der sozialen Phobie und der Panikstörung mit Agoraphobie.

Halten wir zwei fundamentale Merkmale der Panikstörung mit Agoraphobie fest: die Angst, immer wieder in Panik zu geraten, also **die Angst vor der Angst**, und **das Vermeidungsverhalten** in zahlreichen Situationen.

# 2. Wie und warum Panikstörungen entstehen

## Eine sehr spezielle Phobie

Die Panikstörung mit Agoraphobie unterscheidet sich von anderen Phobien dadurch, daß sie nicht durch einen Gegenstand ausgelöst wird. Für Menschen, die Angst vor Mäusen, Spinnen oder Gewittern haben, befindet sich das Objekt ihrer Phobie in ihrer Umwelt. Für jemanden mit Agoraphobie hingegen entspringt die Angst einem Gefühl oder einem Gedanken. Dadurch wird die Angst vor der Angst, nämlich die Angst, eine Panikattacke zu erleiden, ausgelöst. Ein Phobiker hat das Gefühl, eine Katastrophe stünde unmittelbar bevor. Er fühlt sich in die Enge getrieben und versucht um jeden Preis, aus dieser belastenden Situation herauszukommen.

### Mehrere Ursachen

Alle Betroffenen suchen früher oder später nach einer Ursache für das Auftreten ihrer Phobie. Der Arzt weiß, daß er mit diesem Problem zu Beginn der Therapie konfrontiert wird. Er kann oftmals nur eine allgemeine Antwort geben, die für die Phobiker frustrierend ist. **Es gibt nicht eine ganz bestimmte Ursache der Panikstörung mit Agoraphobie. Es gibt immer nur mehrere Ursachen, die zudem von Person zu Person variieren.** Sie scheint durch das Zusammenspiel von Veranlagungen (Prädispositionen), auslösenden und begünstigenden Faktoren verursacht zu werden.

Diese Faktoren stellen wir Ihnen nun im einzelnen vor.

## Was sich unserem Einfluß entzieht –
## die Prädispositionen

Unter Prädispositionen versteht man die Eigenschaften einer individuellen Person, die sie für die Entwicklung der Panikstörung mit Agoraphobie empfänglich machen. Diese Eigenschaften verursachen diese Störung nicht direkt, denn einige Menschen mit entsprechenden Veranlagungen leiden nicht an Panikstörung mit Agoraphobie. Andere wiederum sind davon betroffen, ohne prädisponiert zu sein. Das Vorhandensein einer oder mehrerer Prädispositionen führt nicht automatisch zur Entstehung dieser Störung, aber erhöht das Risiko, daran zu erkranken. Zur Veranlagung gehören: Sensibilität, familiärer Einfluß und Charaktereigenschaften.

### a) Sensibilität

Immer mehr Forscher und Mediziner sind sich einig, daß bei den meisten Personen mit Panikstörung und Agoraphobie eine angeborene Sensibilität vorliegt. **Auf neurobiologischer Ebene reagieren diese Menschen stärker als andere auf den alltäglichen Streß.** Anders gesagt: Wenn solche Menschen Angst haben, dann erleben sie diese Angst mit einer größeren Intensität.

Nehmen wir zum Beispiel Marc und Till, die an einem Tisch in der Schulbibliothek in Ruhe lesen. Beide werden von Stephan überrascht, der von hinten herankommt und sie erschreckt. Während Marc sofort aufspringt, aber sonst keine Reaktion zeigt, stößt Till einen Schrei der Überraschung aus, spürt sein Herz klopfen und schnappt nach Luft. Das Nervensystem hat in der gleichen Situation bei Till eine größere Aufregung ausgelöst als bei Marc.

Wie in Tills Fall reagiert das Nervensystem einer sensiblen Person heftiger auf Ereignisse des täglichen Lebens. Solche Menschen werden durchaus nicht mit einer Panikstörung geboren. Die besonders ausgeprägte Reaktion ihres Nervensystems auf die verschiedenen Streßsituationen macht sie aber empfänglicher für die Entwicklung dieser Phobie.

## b) Familiärer Einfluß

Die Verhaltens- und Reaktionsweisen, die ein Individuum von der Geburt bis zum Erwachsenenalter erlernt, spielen eine sehr große Rolle. Das Kind lernt sehr viel durch Beobachten und Imitation. Wenn die Familienmitglieder auf Streßsituationen unangemessen reagieren, besteht die Gefahr, daß das Kind diese Handlungsweisen übernimmt. In den Herkunftsfamilien von Agoraphobikern zeigen sich viel öfter **Angstgefühle** als in der Gesamtbevölkerung: hier werden offensichtlich dem Kind falsche Verhaltensweisen angeboten.

Die Eltern von Personen mit Agoraphobie verhalten sich oft übermäßig **streng** oder übermäßig **behütend**. Diese Übervorsichtigkeit führt dazu, daß das Kind von anderen abhängig wird, und macht es empfänglich dafür, später ein Vermeidungsverhalten zu entwickeln.

Beispiel: Wir wollen den Fall eines Kindes betrachten, das von seiner Mutter übermäßig behütet wird. Sie dringt darauf, daß sich ihr Kind ständig auf sie verläßt. Dadurch kann es überhaupt keine Eigeninitiative entwickeln. Das Kind darf ohne die Erlaubnis oder Hilfe der Mutter weder allein spielen noch die Straße überqueren, wenn auch nur die geringste Gefahr zu bestehen scheint. Die Mutter bringt das Kind jeden Tag zur Schule und trägt seine Bücher. Es lernt nicht, allein zurechtzukommen, Unabhängigkeit zu entwickeln und mit Streßsituationen fertig zu werden. Statt dessen versucht es, diese zu vermeiden. Es erhält nicht die Möglichkeit, gegenüber alltäglichen Angstsituationen eine gewisse Gelassenheit zu erwerben. Weil das Kind im Gegenteil lernt, Streßsituationen aus dem Weg zu gehen, statt sie zu bewältigen, und Angst hat, mit der Angst leben zu müssen, kann es leichter eine Panikstörung mit Agoraphobie entwickeln.

## c) Charaktereigenschaften

Es gibt zwei Charakterzüge, die man oft bei Agoraphobikern findet. Zum einen neigen sie zu andauernder Ängstlichkeit und zu Depressionen. Sie fühlen sich fortwährend bedroht, weil sie in ständiger Angst leben. Diese Grundangst kann durch depressive Momente noch verstärkt werden. Die Betroffenen befürchten fast immer, ihnen oder ihren Verwandten könnte ein Unglück zustoßen. Sie durchleben von morgens bis abends die ganze Palette körperlicher Angstsymptome. Sie befinden sich ständig in einem Zustand der Erregung oder Müdigkeit, was Konzentrationsschwächen oder Schlafstörungen nach sich ziehen kann. Die Intensität depressiver Verstimmungen variiert und kann durch eine sich herausbildende Panikstörung mit Agoraphobie verstärkt werden.

Zum anderen verhalten sich Phobiker eher passiv. Sie vermeiden lieber Schwierigkeiten, statt sich mit ihnen auseinanderzusetzen. Sie verlassen sich auf andere Menschen, welche an ihrer Stelle Entscheidungen treffen und Probleme lösen sollen. Sie geraten in Panik, wenn sie eigenverantwortlich handeln sollen. Sie scheuen Schwierigkeiten, Streßsituationen und Konflikte. Diese „Strategie" mildert zeitweise die Angst, fördert aber gleichzeitig das Vermeidungsverhalten. Je mehr die Betroffenen auf Vermeidungsstrategien zurückgreifen, desto stärker erzeugen auftretende Probleme Angst und Streß.

*Die Geschichte von Liesa*
Wir wollen den Fall Liesa betrachten.

Liesa ist 29 Jahre alt und hat zwei Kinder von ihrem ersten Mann, der an Krebs gestorben ist. Sie hat ein Jahr später nochmals geheiratet und bekam ein weiteres Kind. Sie kümmert sich ganztags zu Hause um die Kinder.

Liesa beschreibt sich als eine von klein auf eher unselbständige und nervöse Person. Sobald sie erschrickt oder in Streß gerät, sind ihre körperlichen Reaktionen vergleichsweise heftig. Als Einzelkind, sagt sie, wurde sie von ihren Eltern übermäßig behütet. Seit ihrer Jugend ist sie nur sehr selten ohne Liebhaber gewesen. Sie ist oft nur Beziehungen eingegangen, um nicht allein zu sein. Sie erlitt ihren ersten Panikanfall, als sie ihr Dorf verließ, um mit ihrem damaligen Freund in die Stadt zu ziehen. Sie kehrte ganz schnell wieder nach Hause zurück, weil sie sich sehr verunsichert fühlte. Sie mochte das Alleinsein noch nie und hat es sich so eingerichtet, daß sie in der Nähe ihrer Eltern lebt. Sie geht nur in Begleitung ihres Mannes oder ihrer Eltern aus. Sie hat große Angst, in Panik zu geraten, wenn sie allein von zu Hause weggeht.

Lassen Sie uns folgendes zu Liesas Veranlagung feststellen: Zum einen zeigt Sie Anzeichen einer ausgeprägten **Sensibilität**. Zum anderen lassen sich **Abhängigkeitsverhältnisse** nachweisen. Dazu hat sicherlich das **überbehütende Verhalten** ihrer Eltern beigetragen.

Denken Sie daran, daß diese Prädispositionen nicht zwangsläufig zu Liesas Panikstörung und Agoraphobie geführt haben. Es hätte auch sein können, daß Liesa trotz dieser Veranlagungen keine solche Störung entwickelt.

## Wieso es plötzlich zur Panik kommt – die auslösenden Faktoren

Obwohl manche Betroffene Schwierigkeiten haben, sich an die Ereignisse zu erinnern, die die ersten Panikanfälle ausgelöst haben, gelingt es sehr oft, diese Ereignisse klar zu identifizieren. Es handelt sich dabei um auslösende Faktoren. Sie können als Trauma, psychosozialer oder chronischer Streßauslöser auftreten.

## a) Traumata

Die Traumata hängen mit organischen Beschwerden zusammen, zum Beispiel mit Unterzuckerung (Hypoglykämie), Ohrensausen oder auch den Ereignissen bei der Geburt. Auch Unfälle oder Überfälle können Traumata auslösen. Der Betroffene kann als Folge eines solchen Traumas eine Panikattacke erleben, nämlich dann, wenn er fühlt, daß sein Anpassungsvermögen an eine Grenze stößt. So entsteht die Agoraphobie. Und der Teufelskreis beginnt: Man ist zwischen der Furcht vor den Panikattacken und dem Vermeiden bestimmter Situationen hin- und hergerissen.

Johanna, die sich selbst als ängstliches Temperament beschreibt, hatte große Angst vor der Geburt ihres Kindes. Bei den Preßwehen konnte sie der Situation und dem Schmerz nicht mehr entgehen und hyperventilierte. Hyperventilation bedeutet zu schnelle Atmung: Es kommt zu Benommenheit, Schwindelgefühlen und anderen unangenehmen Empfindungen, die aber ungefährlich sind. Trotzdem ist Johanna total in Panik geraten. Sie hatte Angst, ihre Kontrolle zu verlieren und zu sterben, obwohl ihre Entbindung sehr gut verlief. Kaum war sie daheim, da befürchtete sie schon wieder, einen solchen Panikanfall erleben zu müssen. Sie entwickelte die Phobie, mit ihrem Kind allein zu bleiben und immer wieder in Panik zu geraten. Die Panikstörung mit Agoraphobie setzte sich bei Johanna fest.

## b) Psychosoziale Streßauslöser

Beim ersten Panikanfall wirken häufig psychosoziale Streßauslöser als Katalysatoren. Dazu gehören etwa: eine Scheidung, der Tod eines nahestehenden Menschen, der Verlust der Arbeit oder ganz allgemein solche Ereignisse, die unangenehme Gefühle auslösen. Bei einer Veranlagung für Panikstörung mit Agoraphobie können sie Panikanfälle bewirken. Wie das Trauma kann ein solcher Streßfaktor einen Panikanfall leichter auslösen, wenn eine ängstliche und depressive Veranlagung hinzukommt.

Kommen wir nochmals auf den Fall Liesa zurück. Sie sagt, daß sie ihre erste Panikattacke bekam, als sie ihr Dorf verließ, um woanders zu wohnen. Wir können nun sagen, daß ihr Umzug, der die erste Panikattacke auslöste, als psychosozialer Streßauslöser wirkte.

### c) Chronische Streßauslöser

Es gibt andere Fälle, bei denen man weder ein bestimmtes Trauma noch einen bestimmten pyschosozialen Streßfaktor ausfindig machen kann. Dennoch liegt es klar auf der Hand, daß die Betroffenen großem Streß ausgesetzt sind. Dieser Streß hält schon seit langem an und stört ihren Tagesablauf. Es handelt sich um chronischen Streß: Eheprobleme, Konflikte am Arbeitsplatz oder Krankheiten. Die Bezeichnung *chronisch* bedeutet nicht, daß dieser Streß immer vorhanden sein muß, sondern nur, daß er sich schon über einen längeren Zeitraum hinzieht. Diese chronische Situation reicht aus, um einen Menschen für Panikattacken anfällig zu machen. Dadurch wird eine Grundlage für die Panikstörung mit Agoraphobie geschaffen.

## Wodurch die Panikreaktionen gefördert werden – die begünstigenden Faktoren

Sie haben bisher die wichtigsten Faktoren kennengelernt, die für die Panikstörung mit Agoraphobie empfänglich machen und die häufig die ersten Panikanfälle mit auslösen. Nun sollten Sie auch jene Faktoren kennenlernen, die hauptsächlich dazu beitragen, eine Phobie am Leben zu erhalten. Durch ein bestimmtes Ereignis erleidet der eine nur einen einmaligen Panikanfall, während der andere eine dauerhafte Panikstörung mit Agoraphobie entwickelt. Die Faktoren, die dazu führen, sind gut erforscht. Dazu zählen: das wiederholte Auftreten von Panikattacken, bestimmte kognitive Faktoren (die innere Einstellung) und das Vermeidungsverhalten sowie sekundäre Verstärker und chronische Streßauslöser.

### a) Die Panikattacken selbst

Die Panikattacken führen zu einem rasanten Anstieg der körperlichen Angstreaktionen. Dahinter vermutet der Phobiker ernste Ursachen. Diese Vermutung trägt wiederum dazu bei, die Angstgefühle zu steigern. Manche Menschen erleiden selten eine Panikattacke, während andere immer wieder von panischer Angst heimgesucht werden. Je häufiger die Panikattacken auftreten, desto eher entwickelt sich eine starke Agoraphobie.

### b) Die kognitiven Faktoren und das Vermeidungsverhalten

Die kognitiven Faktoren und das Vermeidungsverhalten sind entscheidend für die Entfaltung der Phobie.

Erörtern wir zunächst die kognitiven Faktoren. Der Ausdruck **kognitiv** bezieht sich auf die innere Einstellung, nämlich auf Gedanken, Ideen und Bilder in uns, seien sie nun positiv oder negativ. Die **Angst, in Panik zu geraten,** d.h. die **Angst vor der Angst,** ist sicherlich der wichtigste Grund für das Bestehenbleiben der Agoraphobie. Die irrationalen Ängste und die damit verbundenen negativen Vorahnungen bilden die kognitiven Faktoren zum Bestehen der Panikstörung mit Agoraphobie.

Eine Person kann **irrationale Ängste** als Folge einer oder mehrerer spontaner, plötzlicher Panikattacken entwickeln. Vergessen Sie nicht: Diese Panikanfälle sind durch auslösende

Faktoren bedingt. Der Phobiker versucht, seine Angst durch den Hinweis auf eine bestehende Gefahr zu rechtfertigen. Er hält die mit der Panik verbundenen Beschwerden für gefährlich und unberechenbar. Er glaubt, daß seine Streßreaktionen einen Verlust der Selbstkontrolle oder eine andere katastrophale Auswirkung signalisieren. Zu Unrecht meint er, daß diese Panikanfälle von echten Gefahren verursacht seien. Er hat eben Angst vor der Angst. Wie unangenehm die Reaktionen auch sein mögen, sie erweisen sich als für den Betroffenen ungefährlich. Durch eine falsche Interpretation des tatsächlichen Sachverhaltes erklärt sich der Phobiker seine Empfindungen und nährt gleichsam seine Furcht.

Ein solcher Mensch entwickelt **negative Vorahnungen und Phantasien,** denn er will ein ähnliches Erlebnis wie in der ersten Panikattacke vermeiden. Er hat oft schon im voraus Angst, die gleichen Situationen wieder erleben zu müssen; er assoziiert sie mit unmittelbar bevorstehenden Katastrophen.

Der Paniker neigt dazu, sich ausschließlich und sehr intensiv auf seine Gefühle zu konzentrieren. So glaubt er, die Ursachen für seine Probleme finden zu können. Durch dieses Verhalten hält er seine Ängste lebendig oder verstärkt sie sogar. Er sieht schreckliche Ereignisse auf sich zukommen. Schon bevor die Angstsituation eintritt, wächst seine Furcht. Die falschen Meinungen, verkehrten Gedanken, irrealen Szenarien und Horrorbilder tragen dazu bei, daß die Probleme weiter bestehen bleiben.

Theresia hat große Angst, in einem Einkaufszentrum vor lauter Panik ohnmächtig zu werden. Sie glaubt, daß ihre Befürchtung sich bewahrheiten könnte. Man kann ihre Furcht als unangemessen bezeichnen, weil sie noch nie ohnmächtig wurde, obwohl sie schon mehrere Panikanfälle erlebt hat. Generell gilt, daß eine Panikattacke nur sehr selten eine Ohnmacht nach sich zieht, sei es nun bei Theresia oder bei einer anderen Person.

Theresia fühlt sich nicht nur in der genannten Situation unsicher. Schon lange bevor sie, wie vereinbart, mit ihrer Tochter ins Einkaufszentrum geht, stellt sie sich vor, dort in Panik zu geraten und ohnmächtig zu werden. Sie ist dermaßen verängstigt, daß sie sich nicht fortzugehen traut und eine Ausrede erfindet, um das Angebot ihrer Tochter auszuschlagen. Negative Vorahnungen beherrschen ihre Gedankenwelt und drängen sie dazu, die gefürchteten Situationen zu vermeiden.

Das **Vermeidungs- und Fluchtverhalten** resultiert aus negativen Vorahnungen und Phantasien. Vermeidungsverhalten bedeutet, die Situation zu umgehen; Fluchtverhalten heißt, vor der Situation wegzulaufen. Der Betroffene ist durch seine Phobie derart verängstigt, daß er dem gefürchteten Ereignis lieber aus dem Weg geht, anstatt sich damit auseinanderzusetzen. Wenn er das Geschehen vermeiden kann, läßt seine Angst nach – er fühlt sofort eine große Erleichterung. Diese kurze Atempause veranlaßt den Phobiker, dieses Vermeiden regelmäßig als Problemlösung einzusetzen. Daraus resultiert ein kurzfristiger oder langfristiger, sehr schmerzlicher Verlust an Autonomie und Selbstvertrauen. Theresia glaubt nicht zuletzt durch ihr Vermeidungsverhalten immer fester an eine echte Bedrohung und läuft Gefahr, überhaupt nicht mehr aus dem Haus zu gehen.

### c) Sekundäre Verstärker

Unter sekundären Verstärkern versteht man (vermeintliche) Vorteile, die der Phobiker aus seinem Fehlverhalten zieht. Seine Störung verhilft dem Phobiker manchmal zu größerer Aufmerksamkeit seitens seiner Mitmenschen. Je mehr das der Fall ist, desto mehr tendiert der Phobiker dazu, seine Pflichten zu vernachlässigen. Diese scheinbaren Vorteile können für jemanden, der ohnehin zu Passivität und Unselbständigkeit neigt, sehr willkommen sein. Die Verminderung der Eigenständigkeit des einen Partners kann bei manchen Paaren die Beziehung neu gewichten, weil der andere eine größere Verantwortlichkeit entwickelt und darüber sein Selbstwertgefühl steigt.

Je mehr sekundäre Reize eine Phobie begünstigen, desto weniger wird der Phobiker ärztliche Hilfe suchen und nach einer Therapie suchen. Allerdings glauben wir, daß sich diese Vorteile im Verhältnis zu den vielen negativen Auswirkungen als äußerst gering erweisen.

Es gibt Menschen mit Agoraphobie, die praktisch keinen Nutzen aus der sekundären Verstärkung ziehen. Sie sind so beeinträchtigt, daß ihre Angst kontinuierlich steigt und sich ihr Ausgangsproblem verstärkt. Ihre Angstgefühle spitzen sich immer weiter zu.

### d) Chronische Streßauslöser

Die chronischen Streßauslöser wurden schon bei den auslösenden Faktoren der Panikstörung mit Agoraphobie aufgezählt. Wegen ihres chronischen Charakters ist es sinnvoll, nochmals darauf hinzuweisen. Denn sie sorgen für eine weitere Anhebung des gesamten Angstniveaus und für eine ständig wachsende Anfälligkeit für Panikattacken. Die chronischen Streßfaktoren erzeugen einen permanenten Druck. Wenn dadurch Panikattacken ausgelöst werden, versetzt der nicht nachlassende Druck die noch empfindlicher gewordene Person in einen Zustand, in dem sie diesen chronischen Belastungen noch weniger gewachsen ist.

## Das Zusammenspiel der einzelnen Faktoren – wie eine Kettenreaktion

### a) Zwei Schaubilder

Wir haben bisher untersucht, welche Faktoren zu verschiedenen Zeiten die Entwicklung der Panikstörung mit Agoraphobie beeinflussen können. Nun wollen wir mit Hilfe zweier

Schaubilder und zweier Beispiele sehen, wie alle Faktoren zusammen eine Kettenreaktion auslösen. Sie als Betroffene müssen diesen Teufelskreis durchbrechen, wenn Sie Ihre Panikanfälle und Ihre Agoraphobie besiegen wollen!

Schaubild A gibt einen vollständigen Überblick über die einzelnen Entwicklungsschritte der Panikstörung mit Agoraphobie und über die Wirkungsweise der verschiedenen Faktoren. Die Prädispositionen führen nicht zu einer Panikstörung mit Agoraphobie, wenn der auslösende Faktor fehlt. Beachten Sie auch, daß die begünstigenden Faktoren vorhanden sein müssen, damit sich diese Störung ausbildet. Es kann jedoch vorkommen, daß es auch ohne entsprechende Veranlagung durch die auslösenden und begünstigenden Faktoren zu Panikattacken kommt.

Schaubild B zeigt die Dynamik, die von den begünstigenden Faktoren ausgeht und das Fortdauern der Phobie nach den ersten Panikattacken bewirkt. Diese Abfolge erweist sich als entscheidend für die Erklärung des Teufelskreises Panikstörung mit Agoraphobie. Ihr Verständnis bildet die Grundlage für die in den nächsten Kapiteln vorgestellten Behandlungsmethoden.

Die irrealen Ängste, die negativen Vorahnungen und das Vermeidungsverhalten spielen eine wichtige Rolle, die in Schaubild B klar zutage tritt. Man kann auch erkennen, wie die sekundären Vorteile, die aus dem Vermeidungsverhalten resultieren, dazu führen, daß bestimmte Verhaltensweisen wiederholt werden. Die Häufigkeit der Panikattacken kann sich wiederum erhöhen, wenn chronische Streßfaktoren die Angst weiter steigern.

Bitte betrachten Sie die beiden Schaubilder auch im Hinblick auf die folgenden Beispiele. Am Ende jedes Beispiels nennen wir diejenigen Aspekte, die wir in diesem Fall für die wichtigsten halten. Vielleicht helfen Ihnen die vorgestellten Beispiele dabei, Ihre Panikstörung und Agoraphobie zu bewerten.

# Schaubild A

## Die einzelnen Entwicklungsschritte bei Panikstörung mit Agoraphobie

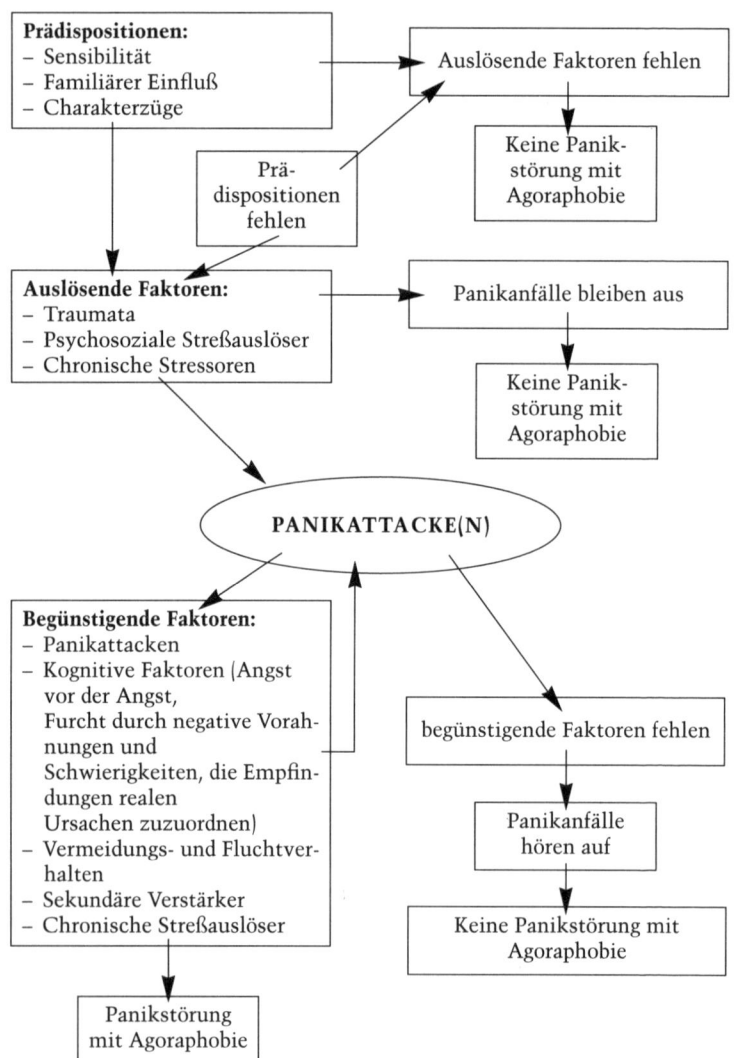

**Prädispositionen:**
- Sensibilität
- Familiärer Einfluß
- Charakterzüge

Auslösende Faktoren fehlen

Keine Panik-
störung mit
Agoraphobie

Prä-
dispositionen
fehlen

**Auslösende Faktoren:**
- Traumata
- Psychosoziale Streßauslöser
- Chronische Stressoren

Panikanfälle bleiben aus

Keine Panik-
störung mit
Agoraphobie

PANIKATTACKE(N)

**Begünstigende Faktoren:**
- Panikattacken
- Kognitive Faktoren (Angst
  vor der Angst,
  Furcht durch negative Vorah-
  nungen und
  Schwierigkeiten, die Empfin-
  dungen realen
  Ursachen zuzuordnen)
- Vermeidungs- und Fluchtver-
  halten
- Sekundäre Verstärker
- Chronische Streßauslöser

begünstigende Faktoren fehlen

Panikanfälle
hören auf

Keine Panikstörung mit
Agoraphobie

Panikstörung
mit Agoraphobie

# Schaubild B

## Die Stufenleiter der begünstigenden Faktoren bei Panikstörung mit Agoraphobie

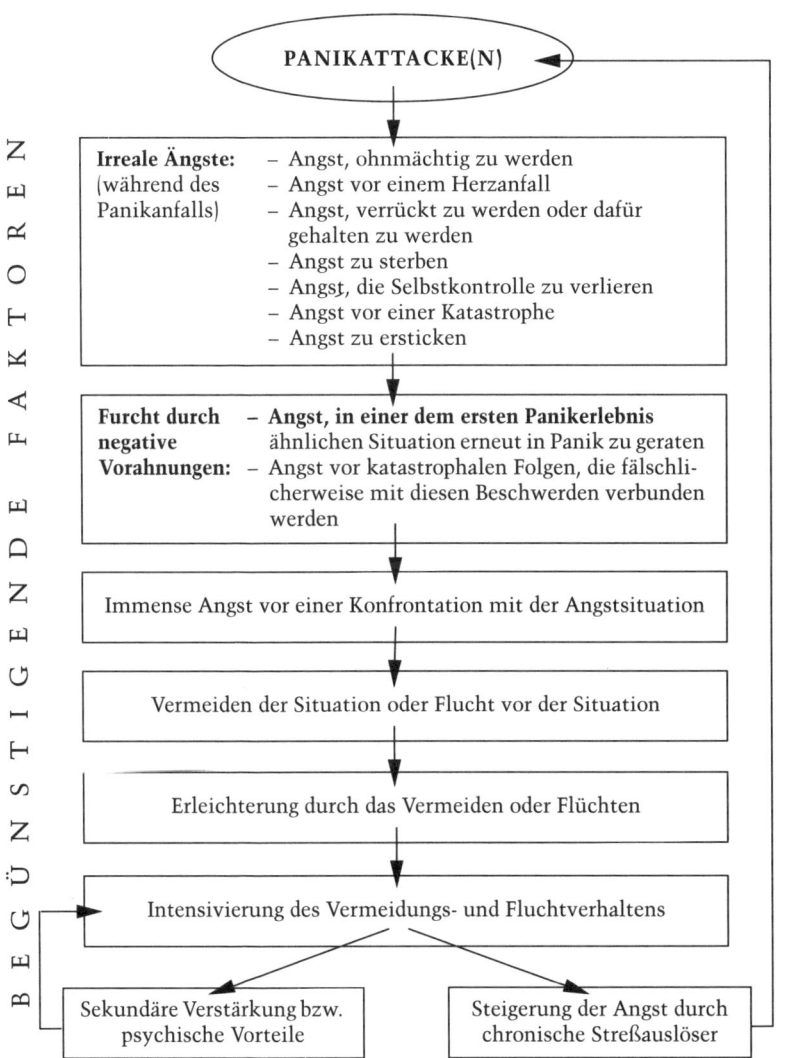

BEGÜNSTIGENDE FAKTOREN

**PANIKATTACKE(N)**

**Irreale Ängste:** (während des Panikanfalls)
– Angst, ohnmächtig zu werden
– Angst vor einem Herzanfall
– Angst, verrückt zu werden oder dafür gehalten zu werden
– Angst zu sterben
– Angst, die Selbstkontrolle zu verlieren
– Angst vor einer Katastrophe
– Angst zu ersticken

**Furcht durch negative Vorahnungen:**
– **Angst, in einer dem ersten Panikerlebnis** ähnlichen Situation erneut in Panik zu geraten
– Angst vor katastrophalen Folgen, die fälschlicherweise mit diesen Beschwerden verbunden werden

Immense Angst vor einer Konfrontation mit der Angstsituation

Vermeiden der Situation oder Flucht vor der Situation

Erleichterung durch das Vermeiden oder Flüchten

Intensivierung des Vermeidungs- und Fluchtverhaltens

Sekundäre Verstärkung bzw. psychische Vorteile

Steigerung der Angst durch chronische Streßauslöser

## b) Beispiel 1:
## Überbehütet in Kindheit und Jugend

Schauen wir uns zunächst das Beispiel von Robert an. Als er zu uns kommt, ist er 34 Jahre alt und leidet seit einigen Jahren an Panikstörung mit Agoraphobie. Betrachten wir die Grundzüge, die bei der Analyse seiner Probleme festzustellen waren.

Robert hat seine Kindheit im Ausland verbracht, und zwar in einem Land, wo er zu einer religiösen Minderheit gehörte. Das übertriebene Schutzbedürfnis seiner Mutter gegenüber den beiden älteren Geschwistern verstärkte sich ihm gegenüber noch. Robert wuchs in einem Klima auf, wo die Angst vor Angriffen (ob berechtigt oder nicht) allgegenwärtig war. Als er am Ende seiner Jugendzeit hierher kommt, wird ihm auf einmal klar, wie sehr und wie lange er schon an Nervosität leidet. Seine Ängstlichkeit äußert sich eher auf einer körperlichen Ebene, nämlich als Kopf- und Rückenschmerzen ohne organische Ursachen, und weniger auf der psychischen Ebene. Infolgedessen gibt es keine echten Gründe zur Besorgnis, zumal er ein glückliches Familienleben führt. Er arbeitet im Verkauf, wo die (psychische) Belastung sehr hoch ist.

Seine Panikattacken begannen, als sein Vater und kurz darauf seine Mutter starben. Wegen seines ängstlichen Charakters schüren diese Anfälle Roberts Angst vor einer unmittelbar bevorstehenden Katastrophe, die er schon einmal während einer der Attacken befürchtet hatte. Dieses Problem behindert ihn bei seiner Arbeit, die es erfordert, häufig mit Kunden ins Restaurant zum Essen zu gehen – eine Situation, die er am meisten fürchtet und deshalb zu meiden beginnt. Die Panikattacken überkommen ihn häufig.

Wir möchten nun die Aspekte betrachten, die in Roberts Fall eine wichtige Rolle für die Entwicklung und die Aufrechterhaltung seiner Störung gespielt haben. An erster Stelle weisen wir auf die **Prädispositionen** hin: die angeborene Sensibilität und das überbehütende Verhalten in der Familie, wodurch der Eindruck ständiger Gefahr, ein Mangel an Selbstvertrauen und eine ängstliche Persönlichkeit erzeugt werden. Der Tod beider Eltern innerhalb von drei Monaten ist der Auslöser für die ersten Panikattacken. Indem Robert ständig an mögliche Katastrophen denkt, verstärkt er die Störung. Er verbindet diese Gedanken mit seinen Angstreaktionen und vermeidet in der Folge jede Situation, die zu einer Panikattacke geführt hat. Der ständige Streß bei seiner Arbeit gehört ebenfalls zu den begünstigenden Faktoren. Er erhöht die Panikbereitschaft.

### c) Beispiel 2:
### Keine Panikattacken mehr auf Kosten der Lebensqualität

Als nächstes möchten wir an Paulas Beispiel detailliert die Abfolge der begünstigenden Faktoren zeigen. Vor 14 Jahren, im Alter von 29 Jahren, stand Paula in einer Warteschlange vor dem Kino. Aus heiterem Himmel erlitt sie eine Panikattacke, als wenn gerade etwas Bedrohliches passiert wäre. Ihr Herz fing an zu pochen, sie bekam weiche Knie und fühlte sich von der Umwelt abgeschnitten. Sie hatte große Angst, ohnmächtig zu werden. Seit diesem Augenblick drehte sich ihr Leben um zwei Fragen: „Werde ich andere Anfälle dieser Art bekommen? Und was kann ich machen, um sie zu verhindern?"

Paula begann, verschiedene Orte (zum Beispiel Züge) zu meiden, weil sie annahm, diese nicht schnell genug verlassen zu können, wenn sie sich wieder ähnlich fühlen sollte. In ihrem Beruf als Sekretärin lehnte sie mehrere Beförderungen ab, weil sie sich vor Situationen fürchtete, in denen sie in Panik geraten könnte. Ihre Angst vor neuen Panikattacken hat in hohem Maße ihr Ehe-, Berufs- und gesellschaftliches Leben beeinträchtigt. Sie kann sich nur noch zwischen ihrem Arbeitsplatz und ihrer Wohnung hin- und herbewegen. Sie ist seit ihrer ersten Panikattacke nie mehr ins Kino gegangen.

Paula hat große Schwierigkeiten, von einem sicheren Ort

(in diesem Falle aus ihrer Wohnung) wegzugehen, besonders wenn sie sich an Plätze mit vielen Leuten oder in entferntere Gegenden begeben muß. Sie glaubt, daß sie dort in einem Notfall keine sofortige Hilfe erhalten könnte und ihre Beschwerden sich zu einem Panikanfall steigern könnten. Paula leidet an einer Panikstörung mit Agoraphobie.

Wir wollen nun die begünstigenden Faktoren in Paulas Fall aufzeigen. Die Angst, während einer Panikattacke ohnmächtig zu werden, oder vor einem kommenden Unglück, gehört zu den irrealen Ängsten. Paula phantasiert solche Panikerlebnisse und bringt sie mit katastrophalen Folgen in Zusammenhang. Wegen ihres erhöhten Angstniveaus vermeidet sie Situationen, wo sie nicht schnell genug weggehen oder Hilfe erwarten kann. Paula vermeidet alle Paniksituationen dermaßen gründlich, daß sie keine Panikattacken mehr erlebt. Durch dieses Vermeidungsverhalten ist ihr Leben jedoch extrem eingeschränkt.

## Zusammenfassung

Bei der Entwicklung einer Panikstörung mit Agoraphobie sind viele Faktoren zu beachten, die je nach Person in unterschiedlicher Kombination wirken. In den meisten Fällen verursachen bestimmte Prädispositionen die Phobie. Dazu gehören eine angeborene Sensibilität, familiäre Einflüsse und entsprechende Charaktereigenschaften.

Die Faktoren für die Auslösung der ersten Panikattacke sind anderer Art. Es kann sich um ein Trauma, einen psychosozialen oder einen chronischen Streßauslöser handeln. Der erste Panikanfall ist sicherlich ein Eckpfeiler bei der Entstehung der Panikstörung und Agoraphobie.

Sowohl die Panikattacken als auch die Angst vor der Angst tragen dazu bei, daß die Phobie weiter bestehen bleibt. Die

Angst vor der Angst führt ferner zu einer falschen Interpretation der körperlichen Reaktionen und ihrer Auswirkungen sowie zur Angst vor ernsthaften Erkrankungen und Katastrophen. Das Vermeidungsverhalten, die sekundäre Verstärkung und die chronischen Streßauslöser spielen eine Hauptrolle für das Weiterbestehen der Panikstörung mit Agoraphobie.

# 3. Wie Sie die Bedingungen und Ursachen für Ihre Phobie selbst herausfinden

## Die ärztliche Beurteilung Ihrer Phobie

Bevor Sie mit der Beurteilung und Behandlung Ihrer Beschwerden beginnen, geht es darum, die richtige Diagnose zu finden. Vielleicht sind Sie nach der Lektüre der ersten Kapitel davon überzeugt, an einer Panikstörung mit Agoraphobie zu leiden. Wenn das der Fall ist, können Sie Ihre Annahme durch die Ausführungen und Übungen in diesem Kapitel überprüfen. Es ist aber durchaus möglich, daß Sie weiterhin ernsthafte Zweifel hegen. Vielleicht sind Sie der Meinung, daß Ihre Beschwerden durch körperliche oder psychische Ursachen hervorgerufen werden, die nur noch nicht richtig erkannt wurden.

Es ist möglich, daß Sie damit recht haben. Beispielsweise zeigen sich bei Asthma, Epilepsie, Schilddrüsenüberfunktion, Unterzuckerung oder Innenohrentzündung ähnliche körperliche Symptome wie bei einem Panikanfall. Es ist unbedingt erforderlich, daß Sie einen Arzt konsultieren, bevor Sie Ihre Phobie selbst kurieren. Wenn die Ursachen für Ihre Probleme körperlicher Natur sind, wird Sie der Arzt fachgerecht behandeln: Ihre Beschwerden werden verschwinden oder wenigstens überwacht werden.

Vielleicht haben Sie schon einen oder mehrere Spezialisten aufgesucht. Diese Fachärzte haben wahrscheinlich versucht, Sie zu beruhigen, und Ihnen gesagt, daß Ihre Beschwerden durch innere Unruhe oder Streß verursacht werden oder gar phantasiert sind. Trotzdem halten Sie weiter an Ihrer Überzeugung fest, daß Ihren Problemen eine körperliche Fehlfunktion zugrunde liegt. Wenn das der Fall sein sollte, dann sollten Sie sich aber folgendes vor Augen halten: Ärzte können sicherlich ernste körperliche Beschwerden richtig diagnostizieren. Natürlich bleibt ein Restrisiko, denn Ärzte sind auch nicht unfehlbar.

Sollten Sie immer noch nicht überzeugt sein, dann zögern Sie nicht, einen Spezialisten für die Diagnostik und Therapie von Phobien zu konsultieren (einen Psychologen oder Psychiater). Er wird genau sagen können, ob Sie an einer Phobie leiden. Sollte das der Fall sein, dann wird er die Art der Phobie, den Schweregrad, die Heilungschancen und die Behandlungsstrategien fachgerecht bestimmen können.

## Die eigene Beurteilung Ihrer Phobie

Im ersten Kapitel haben wir uns intensiv mit den verschiedenen Phobien und den diagnostischen Kriterien der Panikstörung mit Agoraphobie beschäftigt. So konnten Sie herausfinden, was genau Ihr bestimmtes Problem ist. Im zweiten Abschnitt konnten Sie feststellen, welche Prädispositionen und auslösenden Faktoren in Ihrem Fall eine Rolle gespielt haben. Sicherlich beeinflussen auch einige begünstigende Faktoren Ihre Situation.

Trotz vieler Gemeinsamkeiten bei Agoraphobie gibt es keine zwei Menschen, deren Probleme genau übereinstimmen. Beispielsweise können die Angstgefühle bei dem einen intensiver sein als bei dem anderen. Oder das Vermeidungsverhalten kann unterschiedlich stark ausgeprägt sein. Bevor Sie mit Ihrer Therapie beginnen, sollten Sie deshalb Ihre Phobie genau bewerten.

Nur wenn Sie dieses Kapitel aufmerksam lesen, wird Ihre Selbsthilfe erfolgreich sein. Nur die exakte Beurteilung Ihres

Problems erlaubt Ihnen die richtige Abstimmung der verschiedenen Behandlungsmethoden auf Ihren konkreten Fall. Versuchen Sie nicht, Zeit zu gewinnen, indem Sie sofort zur Selbsttherapie übergehen. Sie würden sich einen schlechten Dienst erweisen. Nehmen Sie sich die nötige Zeit für ein detailliertes Verständnis Ihres ganz spezifischen Problems.

### a) Was bedeutet es, sich selbst einzuschätzen?

Das erste Ziel dieses Kapitels besteht darin, Ihnen die Möglichkeit zu geben, Ihre Panikstörung mit Agoraphobie differenziert zu beurteilen. Wie Fingerabdrücke sind auch Krankheiten nie völlig identisch. Jeder Phobiker denkt und reagiert auf seine besondere und eigene Weise. Der eine befürchtet, in einer Menschenmenge die Selbstkontrolle zu verlieren und zu ersticken, während der andere in der gleichen Situation nur ein bißchen Angst verspürt, aber in Panik gerät, wenn er im Supermarkt in einer Warteschlange steht.

Wir werden jeden einzelnen Schritt erörtern, damit Sie sich selbst befragen können, wie Sie auf Situationen reagieren, die Ihnen Angst verusachen. Bei diesem persönlichen Verfahren ist **die Selbsteinschätzung** zentral. Sich selbst einschätzen, das ist so ähnlich, wie sich in einem Spiegel betrachten. Man geht auf Distanz zu sich, um ein exakteres Abbild seiner Reaktions- und Handlungsweisen in alltäglichen Situationen zu erhalten. Sie erlernen dadurch den Gebrauch eines Instruments, das für die Stärkung Ihres Selbstvertrauens sehr nützlich sein wird.

Einige unserer Patienten mit Agoraphobie fragen uns manchmal: „Wie soll ich mich beobachten lernen, wenn doch die Angst einen Großteil meiner Aufmerksamkeit auffrißt?" – Einige Versuche werden genügen, um dies zu lernen. Es kommt vor allem darauf an, Schritt für Schritt vorzugehen, sich Zeit zu lassen und sich klarzumachen, was Sie beobachten wollen.

## b) Welche Faktoren sollten Sie dabei berücksichtigen?

Im zweiten Kapitel wurden die wichtigsten Bedingungen für die Panikstörung mit Agoraphobie beschrieben. Einige von ihnen helfen uns beim Verständnis dieses Problems, haben aber für die Therapie keine zentrale Bedeutung. Andere wiederum sind für die Behandlung wichtig und müssen genau angeschaut werden.

Das Wissen um Ihre spezifische Veranlagungen wird z. B. ein praktisches Werkzeug sein, um die Panikstörung und Agoraphobie zu beherrschen und die persönliche Fortentwicklung zu unterstützen. Sollten Sie sich auch an die Probleme heranwagen, die Sie noch verletzlicher gemacht haben, können sich Ihre neuen Erfahrungen besser festigen. Wenn Sie die auslösenden Faktoren kennen, dann wissen Sie, wann Sie aufpassen müssen, um nicht ins Schleudern zu geraten. Desgleichen ermöglicht Ihnen die neu gewonnene Fähigkeit zur Selbsteinschätzung, angemessen mit den psychosozialen Streßauslösern umzugehen.

Die Prüfung der begünstigenden Faktoren ist für die Therapiegestaltung am wichtigsten. Sie müssen die Umstände sorgfältig untersuchen, weil Sie vor diesem Hintergrund Ihre Prioritäten und Strategien für eine angemessene Behandlung festlegen. Prüfen Sie der Reihe nach jeden einzelnen Faktor, der bei Ihrer Agoraphobie eine Rolle gespielt haben könnte.

Schreiben Sie alle Ihre Beobachtungen in ein Heft, das Ihnen während Ihrer ganzen Therapie wie ein **Logbuch** zur Seite steht. Darin protokollieren Sie Ihre Zielsetzungen, Ihre Übungen, Ihre Erfolge, Ihre Schwierigkeiten, Ihre Bilanzen zu den einzelnen Etappen und Ihre allgemeinen Eindrücke – kurzum: alles, was Sie mit Hilfe dieses Buches unternehmen und erfahren.

## Die Abgrenzung organisch bedingter Symptome von Angstsymptomen

Wir werden eine Bewertung aller Komponenten der Panikstörung mit Agoraphobie vornehmen, auch der körperlichen Symptome. Folgende Übung dient dazu, die Symptome einer organischen Krankheit nicht mit Paniksymptomen zu verwechseln.

| Übung 1 |
| --- |

Wenn Sie ein gesundheitliches Problem haben, erstellen Sie eine Liste der körperlichen Symptome, die direkt dadurch verursacht werden. Nehmen wir zum Beispiel an, Sie leiden an einer plötzlichen Beschleunigung des Herzschlagrhythmus, die meist ungefährlich ist. Dann achten Sie bitte darauf, daß Sie eine Veränderung der Herzfrequenz, die auf dieses Leiden zurückgeht, von der Veränderung des Herzschlags bei einer Panikattacke unterscheiden.


### Prädispositionen

Zunächst zählt die **angeborene Sensibilität** zu den Veranlagungen für diese Phobie. Untersuchungen belegen, daß bei vielen Phobikern eine entsprechende Sensibilität vorliegt. Trotzdem sollten Sie an folgendes denken: Ihre Empfindsamkeit erklärt Ihre außergewöhnlichen Körperreaktionen, stellt aber keineswegs eine Hauptursache oder einen ausreichenden Grund für die Auslösung einer Panikstörung dar. Nur das Zusammenspiel verschiedener Faktoren führt zum Entstehen einer Phobie.

Wie stark sich die Sensibilität auswirkt, läßt sich nur schwer ermitteln. Die Auswirkungen können höchstens durch indirekte Indikatoren nachgewiesen werden. Wenn Sie glauben, daß Sie körperlich immer schon stärker als andere in ähnlichen Situationen reagiert haben, wenn Sie selbst bei leichtem Streß intensive körperliche Reaktionen verspüren, dann sind Sie aller Wahrscheinlichkeit nach sensibel veranlagt.

Nehmen Sie sich jetzt auch die Zeit, das **familiäre Umfeld** zu untersuchen, in dem Sie aufgewachsen sind. Gab oder gibt es unter Ihren Verwandten Phobiker oder sehr ängstiche Personen? Sind Sie sehr stark behütet worden? Welchen Einfluß hatte das auf Ihre Entwicklung? Haben Sie selbständiges Handeln gelernt? Lassen Sie sich bei Ihrer Selbstanalyse Zeit. Zeichnen Sie in groben Zügen Ihr familiäres Erbe nach. Es geht nicht darum, ihre Kindheit in allen Einzelheiten zu rekonstruieren, sondern die Grundzüge zu erkennen, die Sie noch heute beeinflussen und einen Bezug zu Ihrer Phobie haben können.

Als nächstes sollten Sie ihre Charaktereigenschaften erforschen. Wenn Sie sich selbst für sehr ängstlich halten, wenn die anderen von Ihnen sagen, Sie würden sich immer grundlos aufregen, wenn bei Ihnen viele körperliche und psychische Streßsymptome wie Herzklopfen, Schwindelgefühle, Schlafstörungen, Müdigkeit, Konzentrationsprobleme auftreten, dann sind Sie ein generell ängstlicher Mensch.

Sie sollten auch ehrlich prüfen, ob Sie zu Passivität und Unselbständigkeit neigen. Fällt es Ihnen schwer, allein Entscheidungen zu treffen, gehen Sie Schwierigkeiten lieber aus dem Weg, anstatt sie anzupacken? Erwarten Sie eher von anderen Menschen, daß sie Ihre Probleme lösen?

| Übung 2 |
| --- |

Lassen Sie sich genügend Zeit, um Ihre Prädispositionen genau zu bestimmen. Bestimmen Sie dann, wie stark Sie die einzelnen Faktoren bewerten. Bei gleicher Bewertung können Sie die gleiche Reihenfolge benutzen, wie wir sie aufgeführt haben. In Kapitel 6 werden wir wieder darauf zurückkommen.

## Auslösende Faktoren

Die genauen Auslöser Ihrer Phobie zu kennen, ist ein sehr wichtiger Schritt auf Ihrem Heilungsweg. Sobald Sie verstehen, was Ihre ersten Beschwerden ausgelöst hat, wird sich Ihre Angst verringern. Deshalb lohnt es sich, die vielfältigen auslösenden Faktoren gründlich zu analysieren.

Denken Sie z. B. an **körperliche Traumata**, die Sie erlitten haben könnten. Kam es zur ersten Panikattacke infolge einer Entbindung, einer akuten Unterzuckerung, eines Unfalls oder vergleichbaren Vorfällen?

Vielleicht hängt Ihre Panik auch eher mit **psychosozialen Streßauslösern** zusammen, zum Beispiel mit einer Trennung vom Partner, einem Trauerfall oder einem Arbeitsplatzverlust. Auch ein **chronischer Streßfaktor** kann verantwortlich sein (Eheprobleme, Krankheiten, o. ä.) und Ihr Anpassungsvermögen langfristig überstrapazieren.

---

**Übung 3**

Nehmen Sie sich Zeit, in Ihr „Logbuch" die Situation zu schreiben, die Ihrer Meinung nach die ersten Panikattacken ausgelöst hat.

Es kommt vor, daß sich nach einigen Attacken bestimmte körperliche Empfindungen mit dem Panik- bzw. Angstgefühl verknüpfen und ihrerseits Angst und Panik bei Ihnen auslösen.

---

**Übung 4**

Folgende Auflistung erleichtert es Ihnen, diejenigen körperlichen Empfindungen zu erkennen, die Sie als Angstquelle identifizieren.

Bewerten Sie nach folgender Skala den Grad der Angst, die Sie **infolge schon einmal erlebter Empfindungen** immer wieder verspüren:

1. Diese Empfindung erschreckt mich überhaupt nicht.
2. Diese Empfindung erschreckt mich ein wenig.
3. Diese Empfindung erschreckt mich ziemlich.
4. Diese Empfindung erschreckt mich stark.
5. Diese Empfindung erschreckt mich sehr stark.

_____ Herzklopfen
_____ Beklemmungs- oder Schweregefühl in der Brust
_____ Taubheitsgefühl in Armen oder Beinen
_____ Prickeln in den Fingerspitzen
_____ Taubheit in einzelnen Körperteilen
_____ Kurzatmigkeit
_____ Schwindel oder Schwindelgefühle
_____ Verschwommenes Sehen
_____ Übelkeit (Herzschmerzen)
_____ Magenverstimmung oder Kribbeln im Bauch
_____ Gefühl, daß einem etwas schwer im Magen liegt
_____ Einen Kloß im Hals haben
_____ Weiche Knie
_____ Schweißausbrüche
_____ Trockener Hals
_____ Sich desorientiert und verwirrt fühlen
_____ Sich von seinem Körper losgelöst oder abge-
schnitten fühlen – Gefühl, nur „zur Hälfte" zu
existieren
_____ Andere Empfindungen (Schreiben Sie sie auf,
und bewerten Sie sie von 1 bis 5).

Machen Sie nun einen Kreis um die drei Empfindungen, die
Sie am häufigsten wahrnehmen. Handelt es sich dabei um diejenigen, die Ihnen am meisten Angst bereiten? Vermerken Sie
in Ihrem Logbuch jeweils die drei Empfindungen, die Ihnen
die größte Angst machen und die Sie am häufigsten wahrnehmen. Es können die gleichen oder unterschiedliche Empfindungen sein.

## Begünstigende Faktoren

Wir beschäftigen uns nun mit den Faktoren, die für Ihre Behandlungsstrategie entscheidend sind. Wir werden jeden einzelnen Faktor gründlich durchsprechen. Wir bitten Sie, jede Übung sorgfältig durchzuführen. Dadurch erhöhen sich Ihre Erfolgschancen.

### a) Die Panikattacken selbst

Folgende Körperreaktionen gehören zur alltäglichen Erfahrung eines Phobikers: Muskelverspannungen, Zittern, Schwindelgefühle, Benommenheit, Übelkeit usw. Menschen mit Angst kennen solche Symptome. Trotzdem scheint es nicht die Angst selbst zu sein, die den Phobiker veranlaßt, etwas in seinem Leben zu ändern, sondern eher die heftigen Panikreaktionen, die er erleidet und jedesmal dann fürchtet, wenn er seine „Sicherheitszone" verläßt. Einige Psychologen gehen sogar soweit zu behaupten, daß der Phobiker hauptsächlich und in erster Linie befürchtet, in Panik zu geraten, d. h. die **Angst vor der Angst** entwickelt.

Wie können Sie Ihre Angst- und Panikreaktionen erkennen und bewerten? Nehmen Sie dazu folgendes Beispiel. Sie sind in einem gutbesuchten Einkaufszentrum und plötzlich überkommt Sie das Gefühl, Sie befänden sich in einem Alptraum. Um Sie herum wird alles dunkel, Ihr Herz rast, und Ihnen ist sehr warm. Es fällt Ihnen schwer, normal zu atmen, und Sie fühlen sich konfus und verwirrt. Sie haben das Gefühl, immer stärker in einen Strudel zu geraten, wo jegliche Kontrolle aussetzt. Entsetzt denken Sie: „Ich werde gleich verrückt. Wenn das so weitergeht, werde ich gleich sterben. Ich muß schnellstmöglich hier raus. Ich brauche dringend frische Luft." Wenn Sie dann draußen sind, fühlen Sie eine große Erleichterung. Gleichzeitig haben Sie das Gefühl, jeglicher Energie beraubt zu sein. Ihre Knie fühlen sich ganz weich an – so, als ob Sie schon stundenlang gelaufen wären. Sie fühlen sich gleichzeitig erleichtert und niedergeschlagen.

Für viele Menschen mit Agoraphobie dürfte diese kurze Beschreibung ihr Problem teilweise widerspiegeln. Es handelt sich um eine Reaktion, die wir als **Panikattacke** bezeichnen. Folgende Elemente gehören zur Panikattacke:

1) ein erhöhtes Angstniveau in Verbindung mit starken körperlichen Reaktionen (Herzklopfen, Schweißausbrüche, Muskelkrämpfe, Schwindelgefühle, Übelkeit usw.);
2) eine vorübergehende Einschränkung des Denk- und Urteilsvermögens;
3) ein starkes Bedürfnis, aus dieser Situation auszubrechen.

Die Häufigkeit der Panikattacken erweist sich als sehr variabel. Während der eine Phobiker mehrmals innerhalb einer Woche von Panik überfallen wird, können bei einem anderen nach einiger Zeit die Panikanfälle nachlassen oder ganz ausbleiben. Dann gibt es Betroffene, die so konsequent jede Angstsituation vermeiden, daß sie überhaupt nicht Gefahr laufen, in Panik zu geraten. Außerdem bekommen manche Personen in vielen Situationen Panikanfälle, während andere seltener panische Reaktionen zeigen. Die Panikattacken können plötzlich auftreten, und zwar infolge eines Ereignisses oder infolge der Angst vor diesem Ereignis.

Die Panikattacken und deren Vorahnung sind ein zentrales Problem. Daher ist es wichtig, sie präzise zu bewerten. Dabei ist es ganz entscheidend, die **tatsächliche Häufigkeit und die vorausgehenden Umstände** genau zu beobachten. Warum? **Weil die meisten Menschen mit Agoraphobie viel weniger Panikattacken erleben, als sie annehmen.** Sehr oft vermengen sich in der Erinnerung die Momente, in denen körperliche Angstreaktionen auftraten, mit jenen Momenten, in denen sich diese Empfindungen zur Panik steigerten.

Ebenso selten tauchen Panikattacken urplötzlich auf. In den meisten Fällen ist der Betroffene am gleichen Ort schon einmal in Panik geraten oder hat sich davor gefürchtet. Wenn

Sie sich selbst beobachten, werden Sie entdecken, daß die wirklich spontanen Panikattacken eher selten auftreten.

Übung 5

Beschreiben Sie mit eigenen Worten eine typische Panikattacke, so wie Sie sie erlebt haben. Beachten Sie dabei insbesondere Ihr körperliches Befinden, Ihr Denken und Ihr Verhalten.

Übung 6

Notieren Sie die Häufigkeit Ihrer Panikattacken. Achten Sie darauf, die leichten Angstsymptome nicht mit einer echten Panikattacke zu verwechseln. Vielleicht stellen Sie sogar fest, daß Ihre Probleme überhaupt nichts mit Panikanfällen zu tun haben. Wenn Sie hingegen oft in Panik geraten, dann sollten Sie aufmerksam auf die Auslöser und Ihre Gedanken während der Attacke achten.

### b) Die irrealen Ängste und negativen Vorahnungen

Die Panikattacke stellt eine übertriebene und unbegründete Angstreaktion dar. Obwohl sie äußerst unangenehm sein kann, erweist sie sich als völlig ungefährlich. Trotzdem verbindet der Phobiker sie mit einer ganzen Reihe schrecklicher Bedeutungen und fataler Folgen. Er befürchtet das Schlimmste, nämlich die Selbstkontrolle zu verlieren, ohnmächtig zu werden, verrückt zu werden, zu sterben usw. Diese **irrealen Ängste**, die der Betroffene jedoch als real erlebt, verstärken die Intensität der Panik. Sie fördert zusätzlich auch die Angst, in Panik zu geraten.

Bei denjenigen, die schon Panikattacken in verschiedenen Situationen erlebt haben, kann schon die kleinste Erinnerung an die unangenehmen Reaktionen starke Befürchtungen und Ängste erzeugen. Häufig werden die Schwierigkeiten schon vorausgesehen, bevor sie sich in eine bestimmte Situation begeben, weil die schlechten Erinnerungen wachgerufen werden. Dies beeinträchtigt die Fähigkeit, sinnvoll mit der Angst umzugehen, und verstärkt die negativen Folgen sowie die körperlichen Reaktionen. Solche Gedanken und Befürchtungen bringen **negative Vorahnungen und Phantasien** hervor und steigern die Ängstlichkeit, bevor das Ereignis überhaupt eintritt.

So kommt es in einer bestimmten Situation immer wieder zu den gleichen Angstvorstellungen; dadurch verstärken sich wiederum die Angstgefühle. Die anfängliche Furcht stabilisiert sich, der Betroffene fühlt sich immer weniger den Umständen gewachsen.

Die Wahrnehmung einer als bedrohlich eingestuften Situation sowie die Frage, ob er damit zurechtkommt, sind unserer Meinung nach ausschlaggebend für die grundsätzliche Entscheidung des Betroffenen, sich mit der Situation auseinanderzusetzen oder sie zu vermeiden.

## Protokoll für die Selbstbeobachtung ...

| Datum | Uhrzeit | Dauer (Min.) | Intensität (1–10) | Waren Sie 1. allein oder 2. in Begleitung (von wem)? | Art der Panikattacken: 1. durch die **Konfrontation mit einer Angstsituation** oder einem **problematischen Ereignis** ausgelöst; 2. durch die **Vorstellung einer Situation** ausgelöst, die Sie beunruhigt, weil Sie annehmen, daß sie problematisch ist und sich gleich zutragen wird; 3. durch **körperliche Reaktionen** ausgelöst. 4. spontan, **unerwartet**, überraschend aufgetaucht. *(Antwort 1, 2 und 3 sollten Sie näher ausführen.)* |
|---|---|---|---|---|---|
|  |  |  |  |  |  |
|  |  |  |  |  |  |
|  |  |  |  |  |  |
|  |  |  |  |  |  |
|  |  |  |  |  |  |

## ... von Panikattacken*

| Empfindungen während des Anfalls: | An was dachten Sie |
|---|---|
| 1. Erstickungsgefühle  9. Taubheitsgefühl/<br>2. Schwindelgefühle        Prickeln<br>3. Herzklopfen        10. Hitzewallungen/<br>4. Zittern                Kälteschauer<br>5. Schwitzen          11. Schmerzen oder<br>6. Beklemmungs-            Beklemmungsge-<br>   gefühle                fühle in der<br>7. Übelkeit oder           Brustgegend<br>Unterleibsschmerzen 12. Angst zu sterben<br>8. Realitätsverlust/  13. Angst, verrückt<br>   Nicht ganz dasein      zu werden oder<br>                          die Selbstkon-<br>                          trolle zu verlie-<br>                          ren. | a) vor<br>b) während<br>c) nach<br><br>   der Panikattacke? |
| | a- _____<br><br>b- _____<br><br>c- _____ |
| | a- _____<br><br>b- _____<br><br>c- _____ |
| | a- _____<br><br>b- _____<br><br>c- _____ |
| | a- _____<br><br>b- _____<br><br>c- _____ |
| | a- _____<br><br>b- _____<br><br>c- _____ |

* Zu einer Panikattacke gehört folgendes: Sie zeichnet sich aus durch ein erhöhtes Angstniveau in Verbindung mit starken körperlichen Reaktionen (Erstickungsgefühle, Schwindelgefühle, Herzklopfen, Zittern usw.) und mit starken psychischen Reaktionen (Angst zu sterben, verrückt zu werden usw.) sowie durch das starke Bedürfnis, aus dieser Situation auszubrechen.

Folgende Liste hilft Ihnen, Ihre Vorahnungen und die Angstsituation genauer zu beurteilen.

Bewerten Sie mit Hilfe folgender Skala, wie häufig die **einzelnen** Empfindungen bzw. Vorstellungen auftreten, wenn Sie an eine Situation denken:

1. Diese Vorstellung erscheint nie.
2. Diese Vorstellung erscheint selten.
3. Diese Vorstellung erscheint manchmal.
4. Diese Vorstellung erscheint häufig.
5. Diese Vorstellung erscheint immer.

_____ Ich werde mich gleich übergeben.

_____ Ich sterbe gleich.

_____ Ich habe bestimmt einen Hirntumor.

_____ Ich bekomme gleich einen Herzinfarkt.

_____ Ich ersticke gleich, bekomme keine Luft mehr.

_____ Ich werde einem Verrücktem gleichen.

_____ Ich werde gleich blind.

_____ Ich werde nicht fähig sein, mich selbst unter Kontrolle zu halten.

_____ Ich verletze gleich jemanden.

_____ Ich falle gleich in Ohnmacht.

_____ Ich werde gleich verrückt.

_____ Ich beginne gleich zu schreien.

_____ Ich beginne gleich, Selbstgespräche zu führen oder laut loszureden.

_____ Ich bin gleich vor Angst wie gelähmt.

_____ Andere Empfindungen bzw. Vorstellungen: Beschreiben und bewerten Sie sie von 1–5.

Machen Sie nun einen Kreis um die drei Empfindungen bzw. Vorstellungen, die bei Ihnen die meiste Angst auslösen.

Benutzen Sie Ihre Antworten aus obiger Auflistung sowie vorherige und gegenwärtige Erfahrungen, um folgende Fragen zu beantworten. Ein Tip, um die Übung einfacher durchzuführen: Setzen Sie sich bequem hin, schließen Sie die Augen, und versuchen Sie, sich so klar wie möglich eine Situation vorzustellen, in der ängstliche Gedanken zwangsläufig in Ihnen hochkommen.

1) Welche Befürchtungen hege ich hauptsächlich, wenn ich mit einer Angstsituation konfrontiert werde? Welche körperlichen Reaktionen fürchte ich (siehe Übung 4)? Welche Folgen stelle ich mir vor?

2) Wenn ich in der entsprechenden Situation bin, an was denke ich zwangsläufig?

3) Was sage ich zu mir selbst, wenn ich die Situation hinter mir habe?

## c) Das Vermeidungsverhalten

Menschen mit Agoraphobie leiden oft an vielen unangenehmen körperlichen Beschwerden. Die Angstvorstellungen saugen ihre ganze Aufmerksamkeit auf. Deshalb ziehen sie die Gemütlichkeit und Geborgenheit zu Hause einer Auseinandersetzung mit ihren Angstzuständen vor. Das Umgehen von Angstsituationen ist zentral dafür, daß eine Phobie aufrechterhalten wird. **Vermeidungsverhalten** bedeutet, daß man Furcht einflößenden Situationen geschickt ausweicht. Beim **Fluchtverhalten** hingegen bricht man aus der Situation aus, um vor der plötzlich auftauchenden Angst und den darauf folgenden Reaktionen zu fliehen.

Beide Verhaltensweisen verstärken die Angst. Durch das Vermeiden lernt der Betroffene nicht, mit seiner Angst zu leben. Vielmehr fördert er seine irrealen Ängste, indem er sie niemals mit der Realität konfrontiert. Bricht er aus einer Situation aus, tut er das mit der Überzeugung, daß ein Unglück passiert wäre, wenn er geblieben wäre. So kann er nicht zu der

Einsicht gelangen, daß die Angst sich verringert hätte und kein Unglück passiert wäre, wenn er gelieben wäre.

Für den Phobiker ist die Vermeidungsstrategie eine schnelle und einfache Lösung, um Spannungszustände abzubauen. Einige unterlassen es, angstbesetzte Örtlichkeiten aufzusuchen; sie vermeiden, sich weit von der Wohnung zu entfernen oder allein zu Hause zu bleiben. Andere setzen sich zwar den Situationen aus, verschwinden aber beim geringsten Anlaß.

Manche schaffen es, sich mit den Angstsituationen auseinanderzusetzen, und zwar unter der Bedingung, daß sie von einer vertrauten Person (Lebenspartner, Freund, Verwandter usw.) begleitet werden. Oder sie greifen auf psychologische Hilfsmittel zurück. Dabei kann es sich um die Einnahme eines Medikaments, um die Mitnahme einer Flasche Wasser oder um die Planung einer Autofahrt ohne dichten Verkehr, ohne Brücken und Tunnels handeln. Der Betroffene kann auf diese Weise unauffällig bestimmte Situationen vermeiden.

Die meisten Menschen mit Agoraphobie vertrauen auf die Anwesenheit einer oder mehrerer Personen (in erster Linie des Partners, der Eltern oder Freunde), wenn sie ihr Haus verlassen. Die Vertrauenspersonen geben ihnen das Gefühl, daß die Umgebung gar nicht so gefährlich ist. Als **Gefährten des Phobikers** glauben sie, ihm zu helfen, wenn sie ihn begleiten oder an seiner Stelle Dinge erledigen (Einkäufe, Botengänge usw.). Leider verstärken solche Verhaltensweisen jedoch das Vermeidungsverhalten des Betroffenen und können seine Angst noch steigern.

Natürlich wollen Menschen mit Agoraphobie nicht die gleichen Situationen mit der gleichen Häufigkeit vermeiden. So ist es sinnvoll, die jeweils gemiedenen Situationen aufzulisten und die Intensität des eigenen Vermeidungsverhaltens mit zu bedenken.

1) Beschreiben Sie mit eigenen Worten, wie Sie zu Ihrem Verhalten getrieben werden, wenn Sie einer ängstigenden Situation ausgesetzt sind.
2) Fühlen Sie sich gezwungen, bestimmten Örtlichkeiten oder Situationen auszuweichen? Wenn ja, wie weit geht Ihre Vermeidungsstrategie?
3) Welche Personen wissen von Ihrer Agoraphobie? Wer begleitet Sie bei Ihren Ausgängen?
4) Welche Mittel beruhigen Sie und vermindern Ihre Angst?

Zu Ihrer Hilfe: Füllen Sie bitte folgenden Fragebogen aus. Notieren Sie, an welchem Punkt Sie die unten aufgezählten Situationen oder Örtlichkeiten umgehen, ob aus Angst oder wegen der damit verbundenen Beschwerden. Wie weit gehen Sie bei Ihrem Ausweichmanöver, wenn Sie von einer Sie beruhigenden Person begleitet werden, und wie verhalten Sie sich, wenn Sie allein sind? Benutzen Sie dazu folgende Skala:

1. Ich vermeide niemals etwas.
2. Ich vermeide selten eine Sache.
3. Ich vermeide immer wieder mal etwas.
4. Ich vermeide die meiste Zeit etwas.
5. Ich vermeide immer alles.

Notieren Sie die entsprechende Ziffer für jeden **Ort** und für jede **Situation** in den beiden Spalten „In Begleitung" und „Allein". Kommt ein Beispiel für Sie nicht in Frage, tragen Sie einfach nichts ein.

| Örtlichkeiten/Situationen | In Begleitung | Allein |
|---|---|---|
| Kinos | ———— | ———— |
| Supermärkte | ———— | ———— |
| Seminarräume | ———— | ———— |
| Warenhäuser | ———— | ———— |
| Restaurants | ———— | ———— |
| Museen | ———— | ———— |
| Fahrstühle | ———— | ———— |
| Amphitheater oder Stadien | ———— | ———— |
| Parken in einem geschlossenen Raum | ———— | ———— |
| Hochgelegene Bereiche: ab welcher Höhe? | ———— | ———— |
| Geschlossene Räume (z. B. Tunnels) | ———— | ———— |
| Größere (weite) Räume: | | |
| a) draußen (Felder, breite Straßen, …) | ———— | ———— |
| b) drinnen (Warteräume, große Zimmer, …) | ———— | ———— |
| Bus fahren | ———— | ———— |
| Zug fahren | ———— | ———— |
| U-Bahn fahren | ———— | ———— |
| Fliegen | ———— | ———— |
| Schiff fahren | ———— | ———— |
| Selbst Auto fahren oder im Auto mitfahren | | |
| a) ganz allgemein | ———— | ———— |
| b) auf Schnellstraßen | ———— | ———— |
| Schlange stehen | ———— | ———— |
| Überqueren von Brücken | ———— | ———— |
| Empfänge oder soziale Kontakte | ———— | ———— |
| Rausgehen | ———— | ———— |
| Allein zu Hause bleiben | ———— | ———— |
| Von zu Hause weg sein | ———— | ———— |
| Andere Begebenheiten (welche?): | ———— | ———— |

Wenn Sie den Fragebogen ausgefüllt haben, fertigen Sie eine Liste von all dem an, was Sie gerne machen würden, wenn Sie keine Agoraphobie hätten. Notieren Sie darin alles, was Ihnen in den Sinn kommt, was Sie verwirklichen möchten und was Sie momentan wegen Ihrer Phobie für nicht realisierbar halten. Sie sollten bei der Auflistung durchaus schwierigere Situationen, z. B. Auslandsreisen, nicht außer acht lassen. Nach der Erstellung der Listen ordnen Sie Ihre Angaben nach Schwierigkeitsgrad, so daß die einfachste Angabe am Anfang und die schwierigste Angabe am Ende Ihrer Liste steht. Betrachten Sie als Beispiel die Aufzählung von Hildegard vor der Therapie:

- Allein auf die Straße gehen
- Eine Freundin besuchen
- Auto fahren, um die Schwiegermutter zu besuchen
- Restaurant mit einem Platz nahe an der Tür
- Restaurant mit einem Platz mittendrin
- Einkaufszentrum
- Schönheitsstudio
- Kino, Theater
- Kirche, Buchhandlung
- Die Nacht allein verbringen.

Ihre persönliche Liste spielt eine entscheidende Rolle in Ihrer Therapie. Um sie zu vervollständigen und noch nützlicher zu gestalten, halten Sie für jede der Örtlichkeiten bzw. Situationen die Umstände (allein oder in Begleitung, Zeitraum, Entfernung, Anzahl der anwesenden Personen usw.) fest, die den Schwierigkeitsgrad zusätzlich beeinflussen. Weil noch genauere Angaben zu den einzelnen Örtlichkeiten bzw. Situationen gemacht wurden, sieht die Liste von Hildegard jetzt so aus:

- Allein auf die Straße gehen
- Mit einer Freundin auf die Straße gehen
- In meinem Stadtviertel auf die Straße gehen
- Auf eine belebte Straße gehen
- Über eine Stunde lang ausgehen
- Am Abend auf die Straße gehen
- Allein Auto fahren
- Mit dem Auto zur Schwiegermutter fahren
- Mit dem Auto aufs Land fahren
- Mit der Familie Auto fahren
- Mit Fremden Auto fahren
- In Hauptverkehrszeiten Auto fahren
- In die Kirche gehen und allein in einer mittleren Reihe sitzen
- In die Kirche gehen und sich allein auf die letzte Bank setzen
- In die Kirche gehen und neben dem Ehemann sitzen
- Allein in die Kirche gehen und sich in die ersten Bänke am Reihenanfang bzw. -ende setzen
- Allein in die Kirche gehen und sich jeweils in die Mitte der ersten Bänke setzen.

**Zum Abschluß** bewerten Sie den Schwierigkeitsgrad, den Sie den verschiedenen Situationen zuordnen. Führen Sie diese Beurteilung für alle vorher aufgezählten Angaben durch. Verdeutlichen Sie sich die unterschiedlichen Niveaus Ihrer Beschwerden mit Hilfe von Prozentwerten. In Ihrer Skala bedeutet 0, daß keine Schwierigkeiten vorliegen, während 100 das Maximum an Problemen bezeichnet. Diese Bewertung soll individuell auf Sie ausgerichtet sein. Dabei ist es wichtig, daß Sie die gleichen Kriterien auf jede der Örtlichkeiten bzw. Situationen anwenden.

## d) Die sekundären Verstärker

Manche Menschen werden in ihrer Phobie von anderen regelrecht bestärkt. Sie erhalten sehr viel Aufmerksamkeit und werden von einigen Angehörigen zu stark geschont. Diese „Helfer" fühlen sich durch ihre Nützlichkeit und Unentbehrlichkeit aufgewertet. Die Panikstörung mit Agoraphobie kann für eine Beziehung unter Umständen indirekt von Vorteil sein. Dann nämlich, wenn ein Partner einen dominanten Charakter aufweist, während der andere zur Abhängigkeit neigt. Die Phobie kann die schon etablierten Rollen der Partner weiter verfestigen.

Wenn jemand zu ausgeprägter Passivität neigt, kann es für ihn sehr angenehm sein, den Einkauf nicht mehr erledigen und keine Verantwortung mehr übernehmen zu müssen. Andere könnten ihre Phobie als Anlaß nehmen, eine Arbeit aufzugeben und zu Hause zu bleiben, was sie andernfalls vielleicht nicht hätten tun können. Trotzdem möchten wir betonen, daß sich diese vermeintlichen „Vorteile" letztlich überwiegend schädlich auswirken, weil sie den Betroffenen zu einem Gefangenen im eigenen (goldenen) Käfig machen.

Vielleicht wundert es Sie, daß wir von sekundärer Verstärkung reden, während Sie unter Ihrer Phobie so stark leiden. Möglicherweise trifft dieser Aspekt gar nicht auf Sie zu, wie auch die anderen Faktoren für Sie keine Rolle spielen müssen. Die Umgebung nimmt manchmal eine feindliche Haltung gegenüber dem Phobiker ein. Weil einige z. B. die Schwierigkeiten, das Haus zu verlassen, nicht verstehen, kritisieren sie etwa die Passivität und die irrealen Ängste. Weil sie das Vermeidungsverhalten als Ausdruck von Faulheit oder als Mangel an Willenskraft interpretieren, weisen sie die Klagen und vielfältigen Ansprüche des verzweifelten Menschen zurück.

1) Unterstützt Sie Ihr Partner, Ihre Familie oder Ihr Freundeskreis bei Ihrer Auseinandersetzung mit Angstsituationen? Wenn ja, inwiefern?
2) Wenn nein, was machen sie statt dessen, und welche Haltung nehmen sie gegenüber Ihrem Problem ein?
3) Welche sekundären (indirekten) Vorteile fürchten Sie zu verlieren, falls Sie Schritte zur Veränderung unternehmen?

### e) Die chronischen Streßauslöser

Sollte eine chronische Ursache für Ihre Agoraphobie mit verantwortlich sein, dürfte sie weiterhin Ihr Leben beeinflussen. Streßfaktoren können als *chronisch* bezeichnet werden, wenn sie über einen längeren Zeitraum bestehen. Es stellt sich nun die Frage, bis zu welchem Grad ein Streßfaktor tatsächlich chronisch ist, d. h. nicht verändert werden kann. Lassen Sie sich bei der Einschätzung dieses Streßfaktors genügend Zeit. Denn er kann eine Hauptrolle bei der Aufrechterhaltung Ihrer Phobie spielen: Er hält Ihre Angst auf so hohem Niveau, daß Sie für neue Panikattacken immer anfälliger werden.

Übung 11

1) Gibt es einen chronischen Streßauslöser, der Ihre Phobie beeinflußt?
2) Können Sie mittel- oder langfristige Maßnahmen ergreifen, die Ihnen eine Ausschaltung oder zumindest eine Reduzierung des Stresses ermöglichen?
3) Wenn nicht, was können Sie unternehmen, damit Sie der Streß weniger angreift?
4) Sehen Sie Möglichkeiten, sich mit Ihrem Problem derart zu arrangieren, daß es Ihr Leben weniger beeinflußt?

## Schätzen Sie Ihre Bereitschaft zur Selbstveränderung ein

Wenn Sie bisher alle Übungen durchgeführt haben, kennen Sie nun Ihre Panikstörung und Agoraphobie besser. Sie verstehen jetzt, warum Sie dazu veranlagt sind und wie die Störung ausgelöst wurde. Sie wissen inzwischen, wie Ihre Panikattacken ablaufen und wie Ihre irrealen Ängste und negativen Vorahnungen zur Stabilisierung der Phobie beitragen. Sie haben mittlerweile gelernt, in welchem Maß Sie sich durch Ihr Vermeidungsverhalten etwas Schlechtes antun und welchen Situationen Sie vielleicht schon seit Jahren aus dem Weg gehen. Zugleich sind Sie sich bewußt, daß Sie möglicherweise aus Ihrem Problem einige Vorteile ziehen. Die Rolle, die chronischer Streß für die Aufrechterhaltung Ihrer Phobie spielt, erscheint Ihnen jetzt klarer. Bevor Sie nun mit der eigentlichen Therapie beginnen, müssen Sie für eine erfolgreiche Behandlung noch eine letzte Etappe bewältigen: Es fehlt noch die eigene Einschätzung Ihrer Veränderungsbereitschaft.

Nachdem Sie die Angst machenden Situationen und Ihre Reaktionen darauf durchschaut haben, liegt es doch auf der Hand, daß Sie jetzt Ihre Schwierigkeiten ganz konkret angehen möchten. Sie werden Ihr eigener Therapeut und benutzen die verschiedenen Interventionstechniken, die im zweiten Hauptteil beschrieben werden.

Bevor Sie jedoch zu diesem Abschnitt übergehen, sollten Sie den Einfluß, den diese Veränderung auf Ihr Leben ausüben könnte, und das dazu nötige Anpassungsvermögen Ihrer Umgebung abschätzen.

Nach unserer Erfahrung erweisen sich die Auswirkungen im allgemeinen als für den Betroffenen positiv. Er wird unabhängiger und die Rate seiner sozialen Aktivitäten steigert sich kontinuierlich. Oft fühlt sich ein Ehepartner von einer Last befreit, die mit den Jahren immer schwerer geworden ist. Allerdings kommt es vor, daß sich die Veränderung für einzelne Menschen Ihrer näheren Umgebung auch negativ auswirken.

Für jemanden, der soziale Kontakte scheut und Kommunikationsprobleme hat, kann die Panikstörung mit Agoraphobie einen ausreichenden Grund darstellen, um die Außenwelt zu meiden. Das gleiche gilt für denjenigen, der nicht gerne Einkäufe oder andere Aufgaben des alltäglichen Lebens erledigt. Die Panik dient dann als Entschuldigung, um an einem kalten Wintertag daheim zu bleiben und nicht rauszugehen. Auch der jeweilige Lebenspartner kann unter negativen Folgen leiden, etwa wenn er sich aufgrund der Abhängigkeit seines Lebensgefährten zusehends mit einem weniger selbständigen und autonomen Menschen konfrontiert sieht. Manchmal tauchen aber auch Beziehungsprobleme auf, wenn sich die Panikstörung und Agoraphobie zu bessern beginnen.

Trotz dieser Schwierigkeiten bei einer Verhaltensänderung überwiegen die Vorteile eindeutig. Keine Panikattacken mehr zu erleben und nicht ständig vor der Welt davonzulaufen, das ermöglicht es, wieder ein aktives Leben zu führen, das man sich vorher nicht mehr zutraute. Die sozialen Aktivitäten werden wieder interessant, der Freundeskreis wird größer, man kann wieder normal arbeiten, verreisen usw. Es liegt an Ihnen, Pro und Kontra abzuwägen.

## Übung 12

1) Welche Vor- und Nachteile könnte eine Verbesserung Ihrer Panikstörung mit Agoraphobie mit sich bringen?

2) Sie sprechen mit Ihrem Lebenspartner und Menschen, die Ihnen wichtig sind. Welche Vor- und Nachteile verbindet Ihre nächste Umgebung mit einer Veränderung Ihrer Situation?

3) Wie wird sich Ihr Partner Ihrer therapeutischen Entwicklung gegenüber verhalten (unterstützend, abweisend, gleichgültig usw.)? Rechnen Sie mit negativen Reaktionen

seinerseits bei der Lösung Ihres Problems? Wenn ja, wie könnten Sie darauf reagieren?

4) Welche Ziele verfolgen Sie kurz-, mittel- und langfristig? Sind diese Pläne realistisch?

Um Ihre Störung genauer zu verstehen, haben Sie gerade den Stellenwert der Auswirkungen ermittelt, die sich durch Ihren persönlichen Wandel für Sie und Ihre Umwelt ergeben können. Wir hoffen, daß Ihre Bilanz positiv ausfällt und daß Sie nun in der Lage sind, Maßnahmen zur Behandlung Ihrer Agoraphobie einzuleiten. Diese Liste mit Ihren Zielvorstellungen kann Ihnen in schwierigen Phasen der Therapie helfen, greifen Sie immer wieder darauf zurück.

## Zusammenfassung

In diesem Kapitel haben wir gezeigt, wie wichtig die genaue Selbstanalyse ist. Damit Sie sich selbst behandeln können, müssen Sie wissen, was Ihre Panikattacken, Ihre irrealen Ängste, Ihre negativen Vorahnungen und Ihr Vermeidungsverhalten auslöst. Außerdem sollten Sie die sekundären Verstärker Ihrer Phobie und Ihre Motivation, sich zu verändern, prüfen. Dazu bedarf es freilich großer Anstrengung und Ausdauer. Je ehrlicher Sie zu sich sind, desto größer wird die Chance, Ihre Selbsttherapie erfolgreich abzuschließen und wieder eine bessere Lebensqualität zu gewinnen.

# II.
# Überwinden Sie Ihre Ängste

# 4. Die Panikattacken und das Vermeidungsverhalten bewältigen

## Wo die Behandlung ansetzen kann

Die Lektüre der ersten Kapitel hat es Ihnen ermöglicht, Ihr spezifisches Problem gründlich zu verstehen. Sie haben zunächst erkannt, daß es sich wohl um eine Panikstörung mit Agoraphobie handelt. Dann haben Sie sich überlegt, wie sich Ihre Phobie entwickelt hat, um in einem weiteren Schritt Ihre Situation genau zu beurteilen. In diesem zweiten Hauptteil möchten wir nun über die Behandlung sprechen.

Wie wir bereits festgestellt haben, sind Sie aufgrund bestimmter Faktoren zu dieser Störung veranlagt, gleichzeitig fördern auch andere Umstände das Weiterbestehen Ihrer Phobie. In diesem Kapitel stellen wir Ihnen Methoden vor, mit denen Sie die Auswirkungen Ihrer Panik und Ihr zur Gewohnheit gewordenes Vermeidungsverhalten überwinden können. In jedem der nachfolgenden Abschnitte finden Sie unterschiedliche Strategien, mit denen Sie den in Ihnen ablaufenden inneren Monolog und Ihre körperlichen Reaktionen verändern können. **Die Techniken aus den Kapiteln 4 und 5 ergänzen sich gegenseitig und können durch eine parallele Anwendung besser eingeübt werden.** Sie werden z. B. merken, daß Sie den inneren Monolog so positiv verändern können, daß er dabei hilft, der gefürchteten Situation nicht mehr länger auszuweichen. Das Schlußkapitel ermöglicht es Ihnen, Ihre neuen Erfahrungen zu konsolidieren und besondere Probleme anzupacken.

Wir schlagen Ihnen therapeutische Strategien vor, deren große Wirksamkeit durch aktuelle Forschungsarbeiten und unsere klinische Erfahrung bestätigt wird. Viele Menschen konnten so ihre Panik und Agoraphobie in den Griff bekommen und letztlich besiegen. Denken Sie aber daran: Jede Behandlungsmethode, egal wie erfolgreich sie potentiell sein mag, erfordert immer auch eine eigene Anstrengung. Ihre Ausdauer ist unbedingt notwendig, um Ihre Phobie zu überwinden. Behalten Sie trotz aller Mühen die kleinen Erfolge und Fortschritte im Auge. Diese positiven Auswirkungen werden Sie stützen, bis Sie die Früchte Ihrer Arbeit endgültig ernten. Ihr Kraftaufwand wird durch das Gefühl und den Stolz belohnt, die Angst überwunden und die Bewegungsfreiheit zurückgewonnen zu haben.

Bei der Behandlung geht es um alle Aspekte Ihrer Phobie. Die Therapie bezieht sich in einer ersten Phase auf die Panikattacken, welche sozusagen entmachtet werden. Sie finden hier die Mittel, um besser damit umzugehen. Danach wird das Problem des Vermeidungsverhaltens angegangen: Wir schlagen Ihnen Strategien zur Angstbewältigung vor, also eine Verhaltenstherapie.

## Die panische Angst und ihre Folgen einmal realistisch betrachten

Manche Menschen empfinden zu einem bestimmten Zeitpunkt ihres Lebens derart intensive Angst- und Körperreaktionen, daß es zu Panikattacken kommt. Zu den wichtigsten physiologischen Symptomen bei Panikanfällen gehören die Beschleunigung des Herzrhythmus, Herzklopfen, Erstickungs- und Schwindelgefühle. Die Intensität und der Erscheinungsort der Panikattacken können variieren. Dem Phobiker, der in Panik gerät, gelingt es weder, diese Erschütterung zu kontrollieren noch zu verstehen, vielmehr hält er sie für gravierend und gefährlich. Dadurch entsteht die Furcht zu sterben, einen Herzanfall zu erleiden oder verrückt zu werden.

Entwickelt der Betroffene eine Angst vor der Angst, so hat er Angst, immer wieder dieselben unangenehmen Empfindungen zu erleben. Er hält sie für unberechenbar und unkontrollierbar und glaubt, daß sie zu einer Katastrophe führen. Die Intensität und Verschiedenheit der körperlichen Reaktionen sind gleichzeitig Ursache und Wirkung der panischen Angst. Sie tragen zu dem Gefühl bei, in ständiger Bedrohung zu leben.

Damit Sie durch die körperlichen Angstreaktionen während einer Panikattacke nicht immer wieder in Schrecken versetzt werden, diskutieren wir hier von einem neutralen Standpunkt aus die unrealistischen Befürchtungen der meisten Phobiker.

### a) Die Angst vor einem Herzanfall

Menschen mit Agoraphobie interpretieren einen erhöhten Herzrhythmus und Herzklopfen als Signal eines Herzanfalls. Diese beiden Symptome infolge einer Panikattacke erweisen sich als völlig ungefährlich für das Herz. Das Herz ist ein Muskel, der aus sehr festen und starken Fasern besteht – viel stärker, als Sie annehmen. Unter bestimmten Umständen kann Ihr Herz im Takt von 200 Schlägen pro Minute während mehrerer Stunden arbeiten, ohne Schaden zu erleiden. Wenn es einmal stärker schlägt, dann können Sie sicher sein, daß das kein negatives Nachspiel hat. Die Herzfrequenz wird nach einigen Minuten wieder normal.

Die Panikattacke unterscheidet sich grundsätzlich von einem Herzanfall. Während eines Panikanfalls können die Herzschläge beschleunigt, abgehackt oder unregelmäßig erscheinen. Einige Personen berichten sogar, daß sie zeitweise Schmerzen in der linken Hälfte der Brust spüren. Diese Symptome verschlimmern sich jedoch nicht – wie bei einem Herzanfall – durch Bewegung und körperliche Aktivitäten.

Bei einem echten Herzanfall besteht das Hauptsymptom in einem intensiven Schmerz. Er breitet sich im Zentrum des

Brustraumes aus. Der veränderte Herzrhythmus wird im Vergleich zu den Schmerzen als zweitrangig empfunden. Der Schmerz und der Druck steigern sich bei Bewegung und verringern sich in Ruhestellung. Ein Herzanfall unterscheidet sich hierin eindeutig von einer Panikattacke: Die Symptome können zunehmen, wenn der Phobiker in der Angstsituation verharrt, oder sich verringern, wenn er davonläuft.

Kurz gesagt: Es besteht kein Zusammenhang zwischen dem Panik- und einem Herzanfall. Wie unangenehm eine Panikattacke auch sein mag, sie ist keine Gefahr für Ihr Herz.

## b) Die Angst zu ersticken

Phobiker haben oft Angst, während einer Panikattacke zu ersticken. Im Streßzustand ziehen sich die Hals- und Brustmuskeln zusammen. Dadurch wird die Atmung behindert. Sie dürfen sicher sein: Auch diese Beschwerden sind keine ernsthafte Gefahr, und sie werden von selbst aufhören. Denn das Gehirn kontrolliert den reflektorischen Mechanismus der Atmung, so daß es Sie wieder zum Atmen bringen wird, wenn Sie nicht genügend Sauerstoff aufnehmen. Wenn Sie dies überprüfen möchten, machen Sie einmal folgendes Experiment: Halten Sie länger als eine Minute die Luft an, und beobachten Sie, was passiert. Ab einem ganz bestimmten Zeitpunkt werden Sie automatisch wieder zu atmen beginnen. Das gleiche geschieht bei einer Panikattacke. Wenn Sie nicht ausreichend Luft bekommen, werden Sie automatisch einen großen Atemzug machen, bevor Sie in Atemnot geraten. Die Panik birgt also keinerlei Risiko zu ersticken.

## c) Die Angst, ohnmächtig zu werden

Sehr oft stellen sich während einer Panikattacke Schwindelgefühle ein. Einige glauben dann, sie stünden kurz vor einer Ohnmacht. Diese Empfindungen hängen jedoch mit einer

Verminderung der Blutzirkulation im Gehirn zusammen, deren Hauptursache in einer zu schnellen Atmung, sprich in einer Hyperventilation liegt. Diese Beeinträchtigung des Blutkreislaufes ist absolut ungefährlich und verschwindet nach der Rückkehr zur normalen Atmung von selbst. Ein wenig Bewegung hilft, die Situation zu normalisieren. Ganz wichtig ist es, daß Sie Ihre Gefühle akzeptieren und nicht bekämpfen. Gerade weil Ihr Herz sehr stark schlägt und die Blutzirkulation beschleunigt, ist die Wahrscheinlichkeit, das Bewußtsein zu verlieren, sehr gering.

### d) Die Angst vor Schwindelgefühlen

Ihnen kann unter Umständen während einer Panikattacke schwindlig werden. Wahrscheinlich beeinflußt die Anspannung den halbrunden Gang Ihres Innenohrs, der das Gleichgewicht kontrolliert. Deshalb können Sie sich schwindlig fühlen und den Eindruck gewinnen, alles um Sie herum dreht sich. Diese Schwindelgefühle dürften im allgemeinen sehr schnell wieder abklingen. Wenn sie andauern, sollten Sie einen Arzt aufsuchen, um eine Mittelohrentzündung auszuschließen. Wissen Sie bereits, daß es keine Entzündung sein kann, versuchen Sie einfach, diese Schwindelgefühle als vorübergehendes und ungefährliches Phänomen hinzunehmen, zumal Sie nicht Gefahr laufen, dadurch das Gleichgewicht zu verlieren.

### e) Die Angst, weiche Knie zu bekommen

Bei einer Panikattacke erweitern sich die Blutgefäße der Beine durch die Absonderung von Adrenalin. Das Blut sammelt sich in den Muskeln und fließt schlechter. Daher rührt der Eindruck eines Schwächegefühls in den Beinen, und der Betroffene glaubt, nicht mehr gehen zu können. Seien Sie unbesorgt! Es stimmt natürlich nicht, daß Sie nicht mehr laufen können.

„Weiche Knie" sind eine gefühlsbestimmte Wahrnehmung. Ihre Beine tragen Sie auch künftig überallhin, wohin Sie möchten, und halten Sie auch aufrecht, solange Sie möchten. Tolerieren Sie Ihre Gefühle, aber vertrauen Sie ebenfalls Ihren Beinen – sie werden Sie nicht im Stich lassen.

### f) Die Angst, verrückt zu werden

Die zu schnelle Atmung bei Panikattacken führt zu einer Verengung der Arterien, weil der Blutfluß behindert wird und sich das Blut im Gehirn ansammelt. Dadurch fühlen Sie sich desorientiert und verwirrt, was Ihnen vielleicht Angst macht. Sie haben Angst, verrückt zu werden, weil Sie sich selbst als fremd und merkwürdig erleben. Doch diese Empfindungen sind durchblutungsbedingt und haben absolut nichts damit zu tun, verrückt zu werden. Obwohl diese Angst bei Phobikern häufig vorkommt, ist bis jetzt noch niemand tatsächlich dadurch um den Verstand gekommen. Die unangenehmen Gefühle werden von selbst verschwinden, wenn Sie wieder Ihr Gleichgewicht erlangt haben.

Im Unterschied zu diesen Empfindugen tritt etwa Schizophrenie – eine psychische Störung, die oft mit Wahnsinn gleichgesetzt wird – niemals plötzlich und spontan auf. Durch eine Panikattacke wird sie nicht ausgelöst. Noch kein Mensch hat jemals im Zuge einer einfachen Panikattacke zu halluzinieren begonnen oder Stimmen gehört. Deshalb werden Sie durch Ihre panischen Ängste niemals verrückt.

### g) Die Angst, die Selbstkontrolle zu verlieren

Viele Menschen haben aufgrund der starken Gefühle, die sie während einer Panikattacke empfinden, Angst, ihre Kontrolle zu verlieren. Sie befürchten, in Tränen auszubrechen oder einfach davonlaufen zu müssen. Obwohl diese Angst sehr weit verbreitet ist, passiert nichts dergleichen. Sie sind gänzlich damit beschäftigt, aus der bedrohlichen Situation zu flüchten. Das tun Sie auch ganz konkret, indem Sie den Ort verlassen – als einziges Zugeständnis an Ihre Angst. Von Verlust der Selbstkontrolle kann gar nicht die Rede sein. Sie ist nur Mythos.

Diese körperlichen und seelischen Symptome, die wir bisher dargestellt haben, zeigen Ihnen, daß sie zwar unerfreulich, aber ungefährlich sind. Sie brauchen nun Ihre Angstreaktionen nicht mehr zu überschätzen. Denn man spricht ja gerade von Panikstörung, wenn man unangemessen und zu unpassender Zeit reagiert, als ob es ums Leben ginge und man sich in echter Gefahr befände. Da die Gefahr nun aber nicht real ist, ist es wichtig zu lernen, sich nicht länger die scheinbaren Folgen vorzustellen. Eine wirkliche Folge der Panik ist allerdings das Gefühl des Unwohlseins, das emotionale Leiden. Es geht also darum, damit aufzuhören, sich vor diesen imaginierten Gefahren zu ängstigen. Dadurch lernen Sie, das falsche Alarmsignal auszuschalten, das die Panikattacke darstellt. Seien Sie sich darüber im klaren: **Je weniger Angst Sie vor der Panik haben, desto weniger Panik erleben Sie.** Wenn Sie den Therapiemethoden, die wir Ihnen vorstellen, skeptisch gegenüberstehen, sollten Sie sie mit Hilfe Ihres Arztes ausprobieren.

| Übung 13 |
| --- |

Nehmen Sie Ihr Logbuch. Sehen Sie sich die Notizen durch, die Sie für die Übungen 4 und 7 angefertigt haben. Sie haben dort Ihre körperlichen Empfindungen und Ihre Vorstellungen, die mit der Panik und dem Vermeidungsverhalten zusammenhängen, aufgeschrieben. Vergleichen Sie nun diese Beobachtungen mit den obenstehenden Erklärungen. Die Interpretationen, mit denen Sie Ihre Empfindungen belegen, sind entscheidend dafür, daß die Störung weiterbesteht. Listen Sie in Ihr Logbuch nun die realistischen Erklärungen für die drei

Reaktionen auf, die Sie am meisten ängstigen, und für die damit einhergehenden Vorstellungen. Wenn Sie in Panik geraten und eine Eskalation verhindern möchten, dann können Sie darauf zurückgreifen und die negativen Vorstellungen durch die realistischen Erklärungen aus Ihrem Logbuch ersetzen.

## Sich mit der Panik auseinandersetzen

Bei der Selbstbeobachtung Ihrer Panikattacken in den Übungen 5 und 6 haben Sie wahrscheinlich festgestellt, daß Sie seltener in Panik geraten, als Sie dachten. Sie haben sicherlich auch die Anzeichen erkannt, die den Attacken vorangehen. Die Auseinandersetzung mit Ihren Vorstellungen wird später deren Vorkommen reduzieren. Das bedeutet jedoch nicht, daß Sie mit ihnen niemals mehr konfrontiert werden. Es ist also wichtig zu wissen, wie Sie reagieren können, damit sich eine anbahnende Panik nicht verschlimmert.

### a) Die eigenen Empfindungen annehmen

Gegen die Empfindungen und Reaktionen auf die panische Angst anzukämpfen, führt automatisch zu ihrer Aufrechterhaltung oder einer Verschlimmerung. Sie verkrampfen sich nämlich dadurch und werden noch angespannter und ängstlicher: Die Empfindungen, vor denen Sie so große Angst haben, verstärken sich. Wenn Sie die Panikreaktionen um jeden Preis zu kontrollieren versuchen, bleiben Sie bei der Überzeugung, sie seien gefährlich. Weil die Panikreaktionen keine reale Gefahr darstellen, können Sie sie nun auch akzeptieren. Lassen Sie die panische Angst in Ihrem Körper zu und beobachten Sie dabei die Gefühle, ohne sich ihnen zu widersetzen. Je mehr Sie loslassen, desto schwächer wird Ihre Angstreaktion ausfallen.

### b) Mit dem Übertreiben aufhören

Sie wissen nun, daß die während einer Panikattacke auftauchenden Gefühle völlig ungefährlich sind. Erlauben Sie es sich einfach nicht mehr, sich die katastrophalen Folgen vorzustellen, von denen Sie nun wissen, daß sie niemals eintreten werden. Erinnern Sie sich daran: Sie riskieren nichts. Verzichten Sie deshalb auf weitere Angstvisionen. Verwenden Sie Ihre Notizen aus der Übung 13 als Unterstützung.

### c) Sich auf die Gegenwart konzentrieren

Konzentrieren Sie sich auf das, was Sie im Augenblick des Anfalls fühlen, und weniger auf mögliche Empfindungen, die vielleicht niemals wirklich werden. Je mehr Sie sich auf die Gegenwart konzentrieren, desto weniger kommen andere unangenehme Gefühle hinzu.

### d) Warten, daß die Angst nachläßt

Die Panik entsteht im Zuge einer plötzlichen Erhöhung des Adrenalinspiegels. Sie können verhindern, daß sich die Angst verschlimmert, indem Sie versuchen, Ihre Körperreaktionen zuzulassen und die negativen Gedanken loszulassen. Das Adrenalin wird durch den Stoffwechsel des Organismus in drei bis fünf Minuten umgewandelt und wieder absorbiert. Wenn Sie Ihre Angstreaktionen eher kontrollieren als akzeptieren, wird ihre Intensität zunehmen. Denken Sie immer daran: Die Panikattacken sind nur von begrenzter Dauer. Sie können also warten, bis die Ängste von selbst nachlassen.

### e) Den Angstsituationen nicht ausweichen

Harren Sie solange an Ort und Stelle aus, bis Ihre Angst genügend nachgelassen hat. Denken Sie daran: Je stärker Sie sich mit Ihren Ängsten auseinandersetzen, desto eher werden Sie merken, daß Ihre Furcht unbegründet und kein von Ihnen imaginiertes Unglück eingetreten ist. Durch die Erkenntnis, daß sich die Realität viel weniger schrecklich ausnimmt, als Sie es sich vorstellen, werden Sie wieder Ihr Selbstvertrauen und Ihre Selbstsicherheit zurückgewinnen.

Rufen Sie sich diese fünf Punkte immer wieder in Erinnerung. Wenn Sie diese Verhaltensregeln während einer Panikattacke anwenden können, werden Sie feststellen, daß die Panik weniger intensiv und leichter ertragbar sein wird. Denn Sie verstehen jetzt Ihre Ängste besser und wissen, wie Sie sie in den Griff bekommen können.

## Angstbewältigung statt Flucht

Bei den begünstigenden Faktoren haben wir herausgestellt, wie das eigene Verhalten sich auf das Weiterbestehen einer Phobie auswirkt. Wir haben gezeigt, daß Vermeidungsstrategien eine Hauptrolle bei der Entfaltung der Störung spielen: Jedesmal, wenn Sie einer Situation ausweichen, fühlen Sie sich tief erleichtert – Sie glauben, Sie wären einer Katastrophe aus dem Weg gegangen. Indem Sie so handeln, erhöhen Sie selbst das Risiko, sich immer wieder so zu verhalten. Sie haben damit niemals die Gelegenheit festzustellen, daß keine der befürchteten Katastrophen eingetreten wäre, wenn Sie geblieben wären. Statt dessen fühlen Sie sich schlecht und ängstlich. Aber aus Angst vor der potentiellen Katastrophe gelingt es Ihnen nicht, eine bestimmte Grenze zu überschreiten.

Die Angst ist nur zu besiegen, indem Sie mit dem Davonlaufen aufhören und anfangen, sich den Angstsituationen zu stellen. Die Angst vor der Angst und die Furcht vor dem Verlust der Selbstkontrolle haben Sie daran gehindert, diesen Schritt schon früher zu wagen. Wir möchten Sie ermutigen, mutig auf die entsprechenden Situationen zuzugehen. Deshalb haben wir die vermeintlichen und an der Wirklichkeit vorbeigehenden Folgen, die Sie mit Ihrer Panik verbinden, auf den Boden der Tatsachen geholt. Sie können sich nun schrittweise Situationen stellen, die Sie bisher aus alter Gewohnheit umgangen haben.

Vielleicht möchten jetzt einige von Ihnen unser Buch einfach weglegen, weil die Vorstellung abschreckt, sich den seit Jahren gefürchteten Situationen zu stellen. – Wagen Sie die Konfrontation, denn im Inneren wünschen Sie sich, sich endlich mit den Angstsituationen auseinanderzusetzen. Wir schlagen Ihnen eine einfache Methode vor, für die Sie nur Ausdauer und ein wenig Mut brauchen. Wir werden Ihnen gleich die zu absolvierenden Phasen und die nötige Grundeinstellung vorstellen. Zunächst aber möchten wir Ihnen zeigen, wie eine gesteuerte Auseinandersetzung mit den Angstsituationen Ihre Phobie stufenweise abbauen kann.

## a) Die schrittweise Konfrontierung mit den Angstsituationen

Wenn Sie Ihre Angstreaktionen verringern möchten, haben Sie nur die Wahl, sich den gefürchteten Situationen zu stellen. Warum ist dieser Schritt so wichtig? Vergleichen Sie Ihr Nervensystem einmal mit einem Alarmsystem. Wenn die Einstellung für eine Alarmauslösung zu fein ausgesteuert ist, wird zu schnell Alarm geschlagen. Dafür ist die Apparatur selbst nicht verantwortlich. Die Lösung: Die Steuerung muß neu angepaßt werden, damit harmlose Zeichen nicht mehr Alarm auslösen.

Beim Phobiker ist das Nervensystem auf ähnliche Weise sensibilisiert. Es schlägt Alarm in völlig ungefährlichen Situationen. Folglich muß die Reizschwelle Ihres Nervensystem gesenkt werden, damit es nicht mehr länger unangemessen reagiert. Leider kann man beim Nervensystem keine Schaltkreise genauer umstellen oder einen Knopf drücken, um dieses Ergebnis zu erzielen. Die schrittweise Konfrontierung mit Situationen, die als bedrohlich interpretiert werden, kann hier helfen. Sie beginnen damit, daß Sie sich einer Situation aussetzen, die nur eine sehr leichte Reaktion in Ihrem Nervensystem auslöst. Auf diese Weise lernen Sie, Ihre Angst zu ertragen, ohne in Panik zu geraten, weil Ihre Furcht ja nur schwache Reaktionen und Gefühle erzeugt. Sie sollten solange an dem gefürchteten Ort bleiben, bis Ihre Angst verschwunden ist oder sich so weit gelegt hat, daß Sie sich vor Ihren Reaktionen nicht mehr ängstigen. Sie sollten diesen Vorgang solange wiederholen, bis kein Alarm mehr bei Ihnen ausgelöst wird. Als nächsten Schritt begeben Sie sich in eine etwas schwierigere Situation, die bislang entsprechend intensive Reaktionen und Gefühle ausgelöst hat.

Die Konfrontation wird als **schrittweise** bezeichnet, weil Sie mit den leichtesten Situationen anfangen und nach und nach den Schwierigkeitsgrad steigern, damit Ihr Selbstvertrauen wächst und Ihre Beschwerden abklingen. Wir betonen den schrittweisen Charakter der Übung, weil Sie lange genug in den gefürchteten Verhältnissen ausharren müssen, bevor Ihre Angst nachhaltig abnimmt. Durch dieses Vorgehen können Sie Ihr Nervensystem Ihren Bedürfnissen anpassen. Sie gewöhnen sich wieder daran, Angstsituationen auszuhalten, weil Ihr Nervensystem nicht mehr unnötig Alarm schlägt.

Die nachstehende Graphik veranschaulicht die unterschiedlichen Wirkungen, die das Fliehen und die schrittweise Konfrontierung auf die Angst ausüben. Wenn Sie in der Angstsituation verweilen, ohne Katastrophengedanken zu hegen, dann wird sich das Ausmaß Ihrer Phobie verringern.

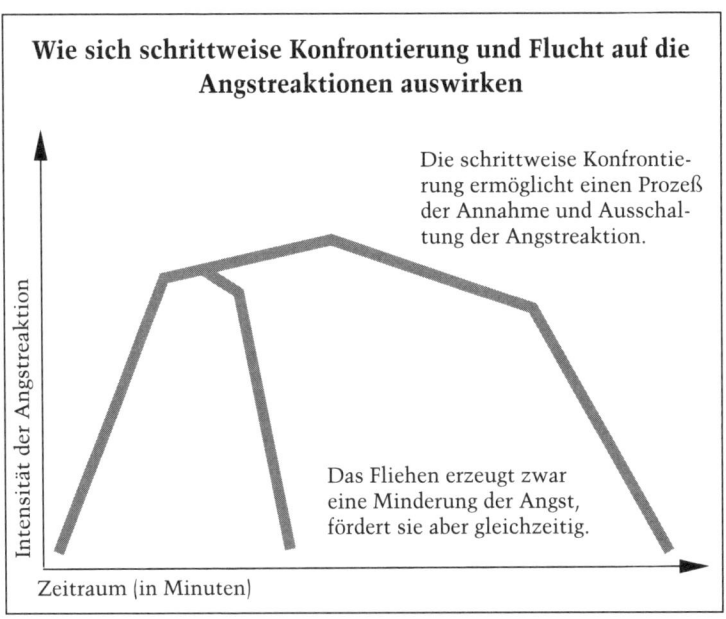

**Wie sich schrittweise Konfrontierung und Flucht auf die Angstreaktionen auswirken**

Die schrittweise Konfrontierung ermöglicht einen Prozeß der Annahme und Ausschaltung der Angstreaktion.

Intensität der Angstreaktion

Das Fliehen erzeugt zwar eine Minderung der Angst, fördert sie aber gleichzeitig.

Zeitraum (in Minuten)

---

| Übung 14 |
| --- |

**Befolgen Sie folgende Schritte**

**1) Bearbeiten Sie die Liste aus Übung 9:**
In Übung 9 haben Sie eine Liste der Situationen erstellt, in die Sie sich gerne wieder begeben möchten. Nehmen Sie sich jetzt die Zeit, um diesen Katalog vor dem Hintergrund Ihres neu erworbenen Wissens zu überarbeiten. Sind die ersten Situationen leicht genug? Haben Sie sie genau genug bestimmt? Haben Sie ausreichend Zwischenetappen eingeplant? Sie wissen, daß Sie sich mit diesen Angstsituationen in Kürze auseinandersetzen sollen – verändern sich dadurch bereits die damit verbundenen Probleme? Müssen Sie deswegen die Reihenfolge korrigieren? Lassen Sie sich genügend Zeit, um Ihre Liste auf den neuesten Stand zu bringen.

**2) Wählen Sie eine Situation zur täglichen Übung aus:**
Unter den einfachsten Aufgaben auf der Liste beginnen Sie
mit solchen, die Sie täglich üben können. So werden Sie am
schnellsten Resultate erzielen. Je öfter Sie sich bestimmten
Situationen aussetzen, desto schneller wird sich die damit
verbundene Angst lösen.

**3) Bedenken Sie die Dauer der Situation:**
Sie müssen im Vorfeld der Übung den Zeitraum einschätzen,
den Sie benötigen, um sich mit einer Angstsituation auseinanderzusetzen. Eine Situation, die 20 bis 30 Minuten in An-
spruch nimmt, ist besser geeignet als eine dreiminütige Konfrontation mit der Angst. Sie müssen nämlich lange genug in
der Situation bleiben, damit die Angst genügend Zeit zum
Nachlassen hat. Denken Sie daran: Man muß dem Körper die
Möglichkeit geben, sich an die Verhältnisse zu gewöhnen, so
daß er sie nicht länger als gefährlich interpretiert.

**4) Fertigen Sie ein Erfahrungsprotokoll an** (siehe Seite 104):
**Denken Sie daran, daß Sie immer wieder versucht sein wer-
den, bestimmte Situationen zu vermeiden. Diese Versuchung
läßt nicht plötzlich nach.** Ein Protokoll zur Planung der einzelnen Behandlungsschritte wird Ihnen helfen, sich den kritischen Situationen zu stellen. Benutzen Sie das hier vorge-
schlagene Protokoll für Ihre Notizen zu den jeweiligen
Übungen.

**5) Sich einer Situation stellen**
Sie dürften nun in der Lage sein, sich der ersten von Ihnen aus-
gewählten Situation zu stellen. Wenn Sie Ihre Liste mit Sorg-
falt angelegt haben, werden Sie vielleicht viel weniger
Schwierigkeiten haben, als Sie denken. Vergessen Sie nicht:
Sie neigen dazu, die Probleme durch Ihre negativen Vorahnun-
gen nur noch zu verschlimmern. In der Angstsituation dürfte
Ihnen ein wenig unbehaglich zumute sein, aber Sie sollten sie

ertragen, bis sich die Furcht legt, was ungefähr 20 bis 30 Minuten dauert.

Nehmen wir einmal an, Sie hätten sich vorgenommen, allein in den Supermarkt zu gehen. Beginnen Sie Ihre Übung, indem Sie jeden Tag zum Supermarkt gehen. Dabei spielt es keine Rolle, ob Sie beim ersten Mal dorthin gelangen oder nicht. Entscheidend ist, daß Sie in Richtung Supermarkt gehen, und zwar so weit, daß Sie Ihr ungutes Gefühl gerade noch ertragen können, und es Sie noch nicht von Ihrem Aufenthaltsort flüchten läßt. Verharren Sie an diesem kritischen Standort, bis Sie sich etwas wohler fühlen. Notieren Sie die Entfernung, die Sie jeden Tag geschafft haben. Worauf es bei den alltäglichen Übungen ankommt, ist der Gewöhnungseffekt und die allmähliche Steigerung.

## 6) Die unangenehmen Empfindungen tolerieren

Dieser Punkt ist sehr wichtig. Sie lernen, zeitweise ein leichtes bis mittleres Unbehagen so lange auszuhalten, bis es sich auflöst und die Situation keine unangenehmen Gefühle mehr erzeugt. Es gibt keine andere Möglichkeit, den falschen Alarm, den Ihr Körper schlägt, abzuschalten.

## 7) Wiederholen Sie dieselbe Übung

Selbst wenn Sie eine Situation das erste Mal gemeistert haben, nehmen Sie nicht gleich die nächste in Angriff. Wiederholen Sie die Situation mehrmals. Sie werden auf Höhen und Tiefen gefaßt sein müssen. Sie werden je nach Tag und persönlicher Verfassung unterschiedliche Schwierigkeiten feststellen. Mit ein bißchen Übung dürften Sie sich nach kurzer Zeit besser fühlen. Sie werden dann weniger Energie brauchen, um die Problemsituationen zu meistern. Dadurch werden Energien frei, und Sie können sich noch stärker engagieren. Beobachten und beschreiben Sie sorgfältig die zurückgelegte Distanz und die Dauer der Übung, damit Sie die Anzeichen der Besserung auch eindeutig wahrnehmen. Begeben Sie sich solange in die gleiche Situation, bis Sie sich einigermaßen wohl fühlen, bzw. bis Sie sie zu etwa 75 Prozent bewältigen. Danach führen Sie die gleichen Schritte bei der zweiten Situation durch.

## 8) Wenn es zu schwierig wird

Sollte es bei Ihrer ersten Übung oder später zu Problemen kommen, versuchen Sie, den Grund dafür herauszufinden. Es kann beispielsweise sein, daß die ausgewählte Übung zu schwierig war. Die mit der ausgewählten Situation verbundene Furcht steigert sich dann derart, daß Sie es nicht schaffen, sie zu überwinden.

Wenn dies der Fall ist, dann legen Sie Zwischenschritte ein. Nehmen wir einmal an, Sie hätten Erfolg gehabt bei dem Punkt „allein bis zum Supermarkt gehen", Sie könnten aber nicht „allein mit dem Bus bis zur Schule fahren". Dann besteht Ihre weitere Aufgabe darin, neue Zwischenschritte zu finden. Zwischen den einzelnen Etappen muß es nicht zwangsläufig einen thematischen Zusammenhang geben. Verbunden sind sie nur durch den zunehmenden Schwierigkeitsgrad.

Im „normalen" Leben sind diese Zwischenschritte nicht von sich aus erforderlich. Beispielsweise macht es keinen Sinn, den Bus nur bis zur nächsten Haltestelle zu nehmen. Für Sie besteht in diesem Vorgehen jedoch die Möglichkeit, Ihr Selbstvertrauen zu steigern und Ihrem obersten Ziel, nämlich der Überwindung der Panik, näherzukommen.

Die Wahl der Zwischenschritte ist also zentral für den Erfolg dieser Behandlungsmethode. Sollten Ihre Probleme trotzdem fortbestehen, appellieren Sie an Ihre Ausdauer und überlegen Sie sich weitere Zwischenübungen. Wenn eine Übung mit Erfolg und nach einigen Wiederholungen abgeschlossen wurde, können Sie zur nächsten Übung übergehen.

## b) Die richtige Einstellung entwickeln

In Übung 9 haben Sie gesehen, wie der Teufelskreis Ihres Vermeidungsverhaltens ohne große Angst durchbrochen werden kann. Wenn Sie ganz bestimmte Verhaltensweisen und Gewohnheiten aufgeben, erhöhen Sie Ihre Erfolgschancen. Dadurch können Sie standhaft bleiben und richtig auf Ereignisse reagieren, die Ihnen während Ihrer Therapie widerfahren werden.

**Zunächst** geht es darum, eine **Alltagsroutine** anzutrainieren. Der Schlüssel zum Erfolg liegt in Ihrer Ausdauer. Im Laufe der Jahre oder Monate haben Sie viele negative Erfahrungen gesammelt. Ihre Phobie hat Sie dazu gebracht, bestimmten Situationen auszuweichen. Jetzt können Sie positive Erfahrungen machen. Dadurch steigern Sie Ihre Fähigkeit, sich den Angstsituationen zu stellen. Außerdem erkennen Sie, daß keine Katastrophe eintreten wird. Ab heute sollten Sie für die genannten Übungen eine Stunde pro Tag reservieren. Vielleicht brauchen Sie nicht länger als eine halbe Stunde, aber es hat sich als sinnvoll erwiesen, genügend Zeit anzusetzen. Dann haben Sie auch die Muße, ein wenig weiterzugehen, wenn Sie sich in Form fühlen, oder zu entspannen, wenn es für Sie genug ist.

Die **zweite Regel** lautet: **Gehen Sie schrittweise vor.** Die Panikstörung mit Agoraphobie hat in Ihrem Leben immer mehr Raum eingenommen. Es wird einige Zeit kosten, um die Phobie komplett zu überwinden.

Wenn Sie schrittweise vorgehen und jeden unserer Ratschläge befolgen, werden Sie wahrscheinlich in drei Monaten mehr als die Hälfte Ihrer Ziele erreicht haben und innerhalb eines Jahres völlig von Ihren Ängsten befreit sein.

Das scheint eine lange Zeit. Bitte unterliegen Sie nicht der Versuchung, Stufen zu überspringen und sich zu rasch Situationen auszusetzen, denen Sie noch nicht gewachsen sind. Sie verbrauchen dadurch nur Ihre Energien und verstärken Ihre

Angst und Enttäuschung. Gehen behutsam vor, um Rückschläge zu vermeiden.

Der **dritte Grundsatz**: **Erlernen einer anpassungsfähigen Verhaltenweise.** Es kann passieren, daß Sie plötzlich einen Schritt nicht mehr bewältigen können. In diesem Fall haben Sie vermutlich den Schwierigkeitsgrad unterschätzt. Sie sollten dann nicht zur ersten Angstsituation zurückkehren, sondern es nach zwei bis drei vergeblichen Versuchen mit einer anderen, weniger schwierigen Situation versuchen. Später können Sie wieder die problematische Situation in Angriff nehmen.

Sicherlich werden Sie auch Tage erleben, die schlechter laufen als andere. Das kann von verschiedenen Faktoren abhängen, z. B. weil Sie erschöpft sind oder bei der Arbeit oder zu Hause stark belastet sind. Wenn Sie morgens einmal mit dem linken Fuß aufstehen und Ihnen dann eine geplante Übung zu schwierig erscheint, dann quälen Sie sich nicht, sondern wählen Sie eine andere Übung, die Ihrem körperlichen und mentalen Zustand besser entspricht. Aber Vorsicht: Diese Nachgiebigkeit darf Ihnen auf gar keinen Fall als Ausrede dienen, die Angstsituationen zu vermeiden. Außerdem funktioniert das Prinzip in beide Richtungen: An den Tagen, an denen Sie sich besonders gut in Form fühlen, sollten Sie mehr unternehmen als gewöhnlich.

Die **vierte Regel** ist sicher die wichtigste. Es geht darum, **nicht schon beim geringsten Anzeichen von Angst auf halbem Wege kehrtzumachen.** Die Verhaltensweisen des Fliehens und Vermeidens sind Ihre größten Feinde. Sie werden sicherlich manchmal versucht sein, beiden nachzugeben, aber Sie müssen sich widersetzen.

Wenn Sie im Laufe einer Übung anfangen, körperliche Angstreaktionen zu spüren, nehmen Sie sich Zeit, sie zu analysieren. Es können ganz bestimmte Faktoren sein, die diese Steigerung bedingen, wie etwa Erschöpfung, Hunger, Außentemperatur oder Lichtverhältnisse. Es kann aber auch sein, daß Sie sich zu ängstigen anfangen, weil Sie diese Situation schon lange befürchtet haben.

Nachdem Sie Ihre Reaktionen analysiert haben, bemühen Sie sich um Ruhe. Versuchen Sie, Ihre Interpretationen positiv zu beeinflussen, damit sich Ihre Reaktionen nicht verschlimmern. Nutzen Sie die Situation, in der Sie sich befinden: Schauen Sie sich die Umgebung an oder beobachten Sie die Kleidung der Leute. Wenn Sie wieder ruhiger geworden sind, können Sie mit der Übung fortfahren oder nach Hause gehen. Aber denken Sie daran: So unsinnig es ist, Ihre Belastbarkeitsgrenze zu überschreiten, **so dürfen Sie unter keinen Umständen vor einer Situation flüchten und die Angst Ihr Handeln bestimmen lassen.** Wenn Sie der Situation ausweichen, laufen Sie Gefahr, Ihre Ängstlichkeit und Ihre Panikgefühle zu stabilisieren oder sogar zu verstärken. Harren Sie dagegen in der Situation aus, wird sich Ihre Furcht verringern – dadurch werden Sie Ihre Phobie besiegen. Schauen Sie sich die Kurven auf Seite 97 an, die diesen Vorgang illustrieren.

**Unser letzter Ratschlag** lautet: **Sprechen Sie sich selbst Mut zu.** Schreiben Sie alle durchgeführten Übungen auf. Konzentrieren Sie sich dabei eher auf den abgeschlossenen Prozeß als auf die aufgetauchten Schwierigkeiten. Benutzen Sie das Logbuch bei der Konfrontation mit Angstsituationen und tragen Sie darin all Ihre Übungen ein. Entscheidend für den Erfolg ist nicht so sehr das Empfinden oder Nichtempfinden von Angst, sondern die jeweiligen Gefühle auszuhalten. Sie werden dann merken, daß die imaginierte Katastrophe nicht eintrat und die negativen Empfindungen abgeklungen sind.

# Protokoll für die Selbstbeobachtung ...

| Datum | Beschreiben Sie die Situation | Waren Sie 1. allein oder 2. in Beglei- tung (von wem)? | Sind Sie Ihrer Situation 1. entgegen- getreten, 2. ausgewi- chen oder 3. entron- nen? | Wie lange haben Sie es in der Situa- tion ausge- halten? |
|---|---|---|---|---|
| | | | | |
| | | | | |
| | | | | |
| | | | | |
| | | | | |

# bei der Konfrontation mit Angstsituationen*

| Angstniveau (0–10) a) vor b) während c) nach der Situation? | An was dachten Sie a) vor b) während c) nach der Situation? |
|---|---|
| a- _____ <br> b- _____ <br> c- _____ | a- _____ <br> b- _____ <br> c- _____ |
| a- _____ <br> b- _____ <br> c- _____ | a- _____ <br> b- _____ <br> c- _____ |
| a- _____ <br> b- _____ <br> c- _____ | a- _____ <br> b- _____ <br> c- _____ |
| a- _____ <br> b- _____ <br> c- _____ | a- _____ <br> b- _____ <br> c- _____ |
| a- _____ <br> b- _____ <br> c- _____ | a- _____ <br> b- _____ <br> c- _____ |

* Wenn Sie sich der Situation mit Hilfe eines beruhigenden Mittels gestellt haben, geben Sie bitte an, um welches es sich handelt.

Sie können sich auf verschiedene Weise Mut machen. Beispielsweise können Sie die Übungen attraktiver gestalten, indem Sie ihnen ein Ziel zuordnen. Der Spaziergang wird Sie stärker motivieren, wenn Sie gleichzeitig einen Freund besuchen. Das Einkaufszentrum wird mehr Reiz haben, wenn Sie sich vornehmen, sich dort zu amüsieren. Belohnen Sie sich Ihre Anstrengungen und beglückwünschen Sie sich zu jedem noch so kleinen Erfolg.

## Zusammenfassung

In diesem Kapitel haben wir aufgezeigt, wie wenig die vermeintlichen Folgen von Panikattacken der Wirklichkeit entsprechen. Die Panik ist ein sehr unangenehmes Phänomen, aber sie ist „nur" ein subjektives Erlebnis, nicht die Realität. Wir haben Strategien zur schrittweisen Konfrontierung mit den Angstsituationen vorgestellt. Entscheidend sind die zahlreichen praktischen Übungen, die das Vermeidungsverhalten korrigieren, das Sie sich im Laufe der Jahre angewöhnt haben. Wenn Sie das Vermeidungs- und Fluchtverhalten aufgeben, werden Sie merken: Keine der befürchteten Katastrophen ist eingetreten – Ihre Beschwerden werden allmählich nachlassen.

# 5. Die Gefühls- und Vorstellungswelt neu gestalten und die Rolle der Psychopharmaka einschätzen

Sie wissen bereits, daß keinerlei Gefahr von einer Panikattacke ausgeht, auch wenn sie sehr unangenehm ist. Außerdem haben Sie Techniken erlernt, um Ihr Vermeidungsverhalten durch verschiedene andere Verhaltensweisen (z. B. durch die Konfrontation mit der Angstsituation) zu ersetzen. Das reicht für die Selbsttherapie aber noch nicht aus. Die Erfolge bleiben kurzfristig, wenn Sie nicht weiterhin versuchen, Ihren inneren Monolog, Ihre Vorstellungen, Ihre Wahrnehmungen und Ihre Erwartungen positiv zu beeinflussen.

Wir werden Ihnen nun verschiedene Techniken vorstellen, die Ihnen einen anderen Umgang mit sich selbst ermöglichen. Sie werden Ihnen helfen, Strategien zur Eindämmung Ihrer Panikreaktionen zu entwickeln und Ihre panische Angst abzubauen. Sie werden dann nicht mehr so leicht in Panik geraten. Zuletzt besprechen wir die Rolle der Psychopharmaka im Zusammenhang mit der Selbsttherapie.

## Anders mit sich umgehen

Zwischen zwei Panikattacken verbringt man in der Regel viel Zeit damit, sich den nächsten Anfall in allen Farben vorzustellen. Dadurch erhöht sich die Wahrscheinlichkeit, wieder in Panik zu geraten, denn die Grundspannung wird verstärkt.

Sie wissen ja nun schon, daß die Panik keine wirkliche Gefahr für Sie darstellt und daß es wichtig ist, nicht mehr vor den Angstsituationen zu flüchten. Sie sind also an einem Punkt angelangt, an dem Sie die nächste Phase Ihrer Therapie in Angriff nehmen können: die Veränderung der inneren Einstellung.

Sie lernen dabei, Ihre Gedanken zu steuern. Man denkt ständig. Bestimmte Denkweisen vermitteln uns das Gefühl von Selbstsicherheit und verhelfen uns zu einem erfüllten Leben. Ein phobischer Mensch aber führt einen inneren Angst-Monolog, der die Probleme zusätzlich verstärkt und die Lebensqualität stark beeinträchtigt. Statt sich selbst negativ zu sehen, werden Sie lernen, Ihr Selbstvertrauen zu stärken.

### a) Sich konstruktiv ablenken

Die Ablenkung kann als Strategie genutzt werden, um die eigenen Vorstellungen indirekt zu kontrollieren. Es handelt sich dabei um eine sehr wirksame Methode, die vielen Betroffenen am Anfang der Behandlung hilft, Angstsituationen auszuhalten und nicht zu fliehen.

Diese Methode zielt darauf, den Teufelskreis der negativen und unangemessenen Gedanken zu durchbrechen. Darüber haben wir im Zusammenhang mit der Angst-Konfrontation bereits gesprochen. Sie ermöglicht, sich wieder auf die Umwelt zu konzentrieren und die überhöhte Wachsamkeit sich selbst gegenüber sowie die negativen Vorahnungen zu vermindern. Gleichzeitig hilft sie, die Panikgefühle und -reaktionen einzudämmen oder gänzlich aufzulösen. Indem man seine Aufmerksamkeit anders ausrichtet und nicht wegläuft, kann man der Realität angemessen und ohne Ängste begegnen.

Es geht also darum, daß Sie Ihr Augenmerk auf die nähere Umgebung lenken und sich auf angenehme Gedanken konzentrieren, die keine Furcht erzeugen. Sie werden so eher in der Lage sein, sich mit gefürchteten Situationen auseinanderzusetzen.

Die folgenden Beispiele zeigen Ihnen, wie Sie sich auf einfache Weise von sich selbst ablenken können:

1) Richten Sie Ihre Aufmerksamkeit auf die nähere Umgebung: auf die Schaufenster eines Einkaufszentrums, auf andere Leute, auf die Natur.

2) Konzentrieren Sie sich auf Geräusche und Stimmen Ihres Umfeldes: auf die Registrierkasse, auf das Radio, auf Unterhaltungen.

3) Berühren Sie Gegenstände in Ihrer Nähe: Früchte, Gemüse, Kleider, die Ladentheke.

4) Schmecken oder riechen Sie Dinge in Ihrer direkten Umgebung: Süßigkeiten, Parfüms usw.

5) Führen Sie mechanische und sich wiederholende Handlungen aus: pfeifen, rechnen, von einem auf den anderen Fuß treten, ein Stück Papier auf- und zufalten, Sätze aufsagen.

6) Kommunizieren Sie mit Ihren Mitmenschen: Sprechen Sie mit dem Verkäufer, mit Freunden oder mit Fremden.

7) Schreiben Sie während der Paniksituation: Führen Sie zu diesem Zweck immer ein kleines Heft mit sich.

8) Konzentrieren Sie sich auf die Aufgabe bzw. den Vorgang und nicht auf Ihre Gefühle: Denken Sie z.B. an das Autofahren und nicht an Ihre körperlichen Empfindungen dabei.

| Übung 15 |

Überlegen Sie, welche Art der Ablenkung für Sie am einfachsten realisierbar ist. Wenn Sie mit Angstzuständen konfrontiert werden (vgl. Übung 14), dann benutzen Sie sie dazu, so lange in der Situation zu bleiben, bis die Angst nachläßt.

All diese Beispiele für die Konzentration auf Dinge des alltäglichen Lebens helfen Ihnen, die Angstsituation auszuhalten und nicht wegzulaufen. Dies ist aber nicht Ihr einziges Mittel zur Selbstkontrolle. Diese Taktik hilft Ihnen nämlich noch nicht, sich den unangenehmen Situationen zu stellen und sich direkt mit den damit verbundenen Gedanken auseinanderzusetzen. Sie ermöglicht Ihnen noch kein produktives Umgehen mit den Angstsituationen. Es ist also wichtig, auch andere kognitive Techniken zu lernen. Es handelt sich um folgende Strategien: die positive Veränderung Ihrer Grundeinstellung und die positive Selbstmotivation.

### b) Alte durch neue Denkvorstellungen ersetzen

Die Ablenkung hilft Ihnen, sich von den Panikattacken zu befreien. Eine längerfristige Angstbewältigung gelingt, wenn Sie direkt auf Ihre phobischen Vorstellungen einwirken, um die Angstquelle trockenzulegen.

Es geht dabei darum, alte Denkweisen zu hinterfragen und in der Folge eine realistische und konstruktive Lebensanschauung aufzubauen. Damit sollen die negativen Vorstellungen, die der Wirklichkeit nicht entsprechen, vermindert bzw. ganz beseitigt und somit auch die Angst aus dem Weg geräumt werden. Diese **mentale Neuorientierung** läuft in drei Schritten ab: Identifizieren der Angstvorstellungen, Beurteilen ihrer Auswirkungen auf Ihre Stimmung und Konfrontation mit Ihrer negativen Grundeinstellung. Bei diesem letzten Schritt gilt es, zweierlei Dinge zu prüfen: 1. ob das, was Sie ängstigt, tatsächlich eintreten kann oder eher nicht und 2. welche Folgen Ihre Angstvorstellungen haben könnten, wenn sie Wirklichkeit würden.

### Übung 16

Identifizieren der Vorstellungen, die nicht der Wirklichkeit entsprechen:

Versuchen Sie zunächst, die belastenden Angstvorstellungen zu identifizieren. Da die Panikgedanken sich automatisch abspielen, bemühen Sie sich, genau zu beobachten. Was beschäftigt Sie, kurz bevor Sie in eine Angstsituation geraten? Welche Vorstellungen und Gedanken steigern Ihr Unwohlsein? Warten Sie wie gebannt auf die gefürchteten Körperreaktionen? Werten Sie sich dabei selbst ab? Lassen Sie vor Ihren Augen den alten Film einer früheren Panikattacke ablaufen? Notieren Sie all diese Gedanken und Bilder, die Ihre Beschwerden auslösen.

Übung 17

Beurteilen Sie die Auswirkungen dieser Vorstellungen:
Solche Gedanken oder Bilder erzeugen meistens Angst, Traurigkeit oder Wut. Nehmen Sie sich Zeit für eine realistische Beurteilung: Was fühlen Sie und wie reagieren Sie, wenn Sie solche Gedanken haben? Welche Art von Gefühlen und Reaktionen erzeugen Ihre Angstphantasien? Unser Ziel wird es sein, die alten Denkweisen durch andere, konstruktivere Formen zu ersetzen.

Übung 18

Stellen Sie sich Ihren irrationalen Vorstellungen:
Sie haben einen Ihrer Gedanken oder eines Ihrer Bilder als irrational bzw. negativ beurteilt. Jetzt konfrontieren Sie sich: Schauen Sie Ihre Angstvorstellung direkt und genau an. Nehmen Sie gleichzeitig eine realistische und konstruktive Haltung ein.
Versuchen Sie zunächst, Ihre phobische Überzeugung mit folgenden Fragen zu erschüttern:
– Welche Beweise habe ich für die Wahrhaftigkeit meiner Panikvorstellung?
– Wie real ist meine Vorahnung, also die befürchtete Gefahr?
– Mit welchen Worten würde ich einen Freund beruhigen, der sich vor einer bestimmten Situation fürchtet?
– Habe ich mich in einer Angstsituation der „Gefahr" schon einmal gewachsen gefühlt?
– Wie könnte ich die Situation mit anderen Augen sehen?

Berücksichtigen Sie bei diesen Fragen, was Sie bereits alles wissen. Unsere Erfahrung hat immer wieder gezeigt: Schon die bisherigen Grundannahmen in Frage zu stellen, bringt die festen Überzeugung sowie die irrationalen und negativen Vorstellungen ins Wanken. Aber gehen Sie noch einen Schritt weiter. Setzen Sie Ihren konstruktiven Konfrontationskurs fort:

1) Wie groß ist Ihrer Erfahrung nach die Wahrscheinlichkeit, daß das, was Sie ängstigt, tatsächlich eintritt?
2) Beurteilen Sie den Einfluß, den dieses Ereignis auf Sie hätte, wenn es tatsächlich einträte.
3) Entwickeln Sie auf diese Weise eine neue Art, mit sich selbst zu sprechen.

### Das Beispiel von Julia

Betrachten Sie folgendes Beispiel: Seit einem Jahr ist Julia nicht mehr im Restaurant gewesen. Wir beginnen damit zu analysieren, was Julia zu sich sagt, bevor sie wieder ins Restaurant geht.

Zunächst berichtet Julia, daß sie an nichts Besonderes denkt, sondern nur Angst empfindet. Um ihr bei der Identifikation ihrer Vorstellungen zu helfen, bitten wir Julia, die Augen zu schließen und sich vorzustellen, wie sie sich auf den Besuch im Restaurant vorbereitet. Sie vergegenwärtigt sich diese Situation und entdeckt dabei folgende Gedanken bzw. Bilder: „Ich mache einen nervösen Eindruck, gerate gleich in Panik und werde das Bewußtsein verlieren."

Auch Sie haben bereits den ersten Schritt getan: Das Identifizieren der Vorstellungen, die in Julia ablaufen, wenn sie sich unwohl fühlt.

Wir wählen nun eines dieser Bilder aus. Dann prüfen wir, ob es der Wirklichkeit angemessen ist und wie es Julias Stimmung beeinflußt. Ist der Gedanke „Ich werde gleich das Bewußtsein verlieren" der Situation angemessen? Als wir Julia fragen, ob sie schon einmal ohnmächtig geworden ist, antwortet sie, sie sei einer plötzlichen Bewußtlosigkeit oft sehr nahe gewesen. Durch unser Insistieren muß Julia schließlich zugeben, daß sie oft den **Eindruck** hatte, ohnmächtig zu werden, aber niemals ohnmächtig geworden ist. Wir können also festhalten: Die Ohnmachts-Vorstellung ist unangemessen. Trotzdem erzeugt sie bei Julia große Angst, unangenehme Körperreaktionen und Gefühle.

Im nächsten Schritt setzen wir uns direkt mit dieser Angstvorstellung auseinander. Wir überlegen uns, wie groß die Gefahr einer Ohnmacht tatsächlich ist. Julia ist noch nie ohnmächtig geworden. Es stellt sich also die Frage, wie wahrscheinlich es ist, daß das gerade jetzt passiert. Lesen Sie dazu nochmals die Ausführungen im vorangegangenen Kapitel. Gerade wegen der Panikattacken scheint es wenig wahrscheinlich, daß Julia ohnmächtig wird. Denn: Julia ist so aufgeregt und angespannt, daß sie sicherlich nicht ohnmächtig wird. Trotzdem behauptet sie hartnäckig, daß dies durchaus eintreten könne.

Nun prüfen wir gemeinsam, wie die Auswirkungen im Falle einer Ohmacht sein könnten. Was könnte passieren, wenn Julia tatsächlich im Restaurant ohnmächtig würde? – Ganz einfach: Es würde sich irgend jemand um sie kümmern. Sie würde nach einer kurzen Zeitspanne wieder zu Bewußtsein kommen. Das ist zwar nicht angenehm – aber es ist keineswegs dramatisch! Stellen Sie die gleiche Frage auch jemandem, der wirklich schon in Ohnmacht gefallen ist. Er wird seine Erfahrung weniger schrecklich als Julia beschreiben und gewiß weniger Angst empfunden haben.

Zum Abschluß überlegen wir, was Julia zu sich sagen könnte, damit sie sich vor ihrem Gang ins Restaurant wohler fühlt. Sie könnte sich beispielsweise selbst überzeugen, daß die Wahrscheinlichkeit, ohnmächtig zu werden, gering ist und daß sich schlimmstenfalls ihr Begleiter um sie kümmern würde. Letztlich bleibt Julia nur folgende Alternative: sich ihrer Angst zu stellen und wieder ins Restaurant zu gehen oder aber sich zu Hause zu vergraben, ohne Angst, aber auch ohne Freude.

Indem auf diese Weise die eigenen Vorstellungen hinterfragt werden, verringert sich die Bedeutsamkeit der Angst. Dies bildet die Grundlage für eine Veränderung der eigenen Einstellung.

Bleiben wir noch bei Julias Angstphantasien. Sie befürchtet nicht nur, ohnmächtig zu werden, sondern auch in Panik zu geraten. Diese Befürchtung hat negative Folgen für Julia: Sie wird daran gehindert, aus dem Haus zu gehen. Vergegenwärtigen Sie sich das bisher Gesagte und stellen Sie sich einmal folgende Fragen: Wie groß ist die Wahrscheinlichkeit, daß sich alles so abspielt, wie Julia es annimmt? Und welche Auswirkungen hätte das?

Wie hoch die Wahrscheinlichkeit einer Panikattacke bei Julia ist, hängt von ihrer Selbstkontrolle ab. Je stärker sie in ihren Befürchtungen befangen ist, indem sie in den Vorstellungen verharrt, desto wahrscheinlicher wird es, daß sie tatsächlich in Panik gerät. Je öfter Julia die von uns vorgeschlagenen Strategien zur Bewältigung der Panikattacken einsetzt, desto geringer wird das Risiko einer Panik. Sie lernt, ihre Nervosität und die damit verbundenen Gefühle als normale und gefahrlose Empfindungen zu akzeptieren und dadurch zu meistern.

Julia muß trotzdem damit rechnen, daß ihr Nervensystem grundlos Alarm schlägt und sie Panikreaktionen erlebt. Ihr bleibt dann nichts anderes übrig, als einige Minuten abzuwarten, bis die körperlichen Symptome wieder abgeklungen sind. Die Panikattacken bewirken zwar kurzzeitig äußerst unangenehme Empfindungen, aber sie sind keine Katastrophe.

Bei dieser Umorientierung geht es darum, die alten Vorstellungen durch neue zu ersetzen. Sonst werden Ängste aufrechterhalten, die sich als unangemessen und destruktiv erweisen. Indem Sie dies tun, kommen Sie der Realität ein Stück näher und können auch Ihr soziales Umfeld realistischer einschätzen. **Fazit:** Ermitteln Sie zunächst, was Ihnen Angst bereitet. Prüfen Sie dann, wie wirklichkeitsangemessen Ihre Vorstellungen sind. Überlegen Sie, welche Auswirkungen sie auf Sie haben könnten. Reden Sie mit anderen darüber oder legen Sie ein Protokoll an, um den Realitätsgehalt, die Wahrscheinlichkeit und gegebenenfalls den Einfluß Ihrer Vorstellungen festhalten zu können.

Auf dieser Basis werden Sie mit Hilfe der dritten kognitiven Methode die Angstsituationen besser bewältigen.

### c) Sich positiv motivieren

Wenn Sie die vorherigen Übungen gemacht haben, verstehen Sie jetzt Ihre Gedankenwelt und deren Einfluß auf Ihre Stimmung besser. Je größer die Kontrolle über Ihre eigenen Gedanken, desto größer der Einfluß auf die eigenen Gefühle. So können Sie Ihre Angst besiegen. Sie haben gelernt, sich in der Angstsituation konstruktiv abzulenken und Überzeugungen zu revidieren. Jetzt können Sie Ihre Vorstellungen auf den Prüfstand stellen und objektiv betrachten. Natürlich ist Ihnen bewußt, daß Sie im Eifer des Gefechts Ihre innere Einstellung nicht ruhig und problemlos verändern können.

Hier kommt der innere Monolog ins Spiel: Sie können sich in der Angstsituation ablenken, Sie können aber auch versuchen, ganz bewußt mit sich selbst zu sprechen. In einer problematischen Situation können Sie sich durch ein Selbstgespräch in positiver und angemessener Weise motivieren. Dabei erweist sich die realistische Argumentation, die Sie bei der Veränderung Ihrer Grundeinstellung eingesetzt haben, als sehr nützliches Instrument, um sich in der Angstsituation positiv zu motivieren.

Kommen wir auf das Beispiel von Julia zurück. Sie könnte vor dem Restaurantbesuch etwa zu sich sagen: „Ich weiß, daß ich nervös werde. Einige Leute werden meine Nervosität vielleicht bemerken, aber sie müssen mich ja nicht unbedingt nur danach beurteilen." Dieses Selbstgespräch könnte Julia helfen, ihre Furcht nicht unnötig zu vergrößern. Mit sich selbst zu reden kann sowohl vor als auch während der Angstsituation sehr helfen. Vergessen Sie das nicht!

Im Restaurant angekommen, könnte Julia ihr Zwiegespräch folgendermaßen fortsetzen: „Ich empfinde Angst, weil ich diesen Ort schon seit langem meide. Ich werde diese Gefühle der Anspannung als normal hinnehmen und versuchen, aus meinem Ausflug das Beste zu machen, nämlich gut zu essen. Sollte ich starke Panikgefühle erleben, dann werde ich sie nicht bekämpfen, sondern einfach warten, bis sie abgeklungen sind. Das wird zwar nicht leicht und unangenehm für mich sein, aber ich riskiere nicht viel und laufe auch keine Gefahr, ohnmächtig zu werden. Es ist ein Erfolg, die Übung abgeschlossen zu haben. Ich bin stolz auf mich und erkenne, daß sich der ganze Aufwand wirklich gelohnt hat."

Nach dem Besuch im Restaurant kann Julia zu Hause das Selbstgespräch fortsetzen. Sie kann sich beglückwünschen und ihre veränderte Einstellung festigen: „Ich bin stolz auf mich. Ich habe mich sehr unter Druck gefühlt und weiß nicht einmal mehr, ob das Essen gut oder schlecht war. Trotzdem war alles einfacher, als ich es mir vorgestellt hatte."

Je besser Sie lernen, solche Zwiegespräche zu führen, desto sicherer werden Sie in den Angstsituationen sein, die Sie für Ihre nächsten Übungen aussuchen, und desto eher werden Sie an Selbstvertrauen gewinnen. Natürlich verlangen diese Veränderungen viel Mühe und Training, aber im Laufe der Zeit werden Sie immer routinierter. Sie werden bald merken, daß Sie die Strategie, sich positiv zu motivieren, auch erfolgreich in solchen Situationen anwenden können, die nichts mit Ihrer Phobie zu tun haben.

Anhand der obigen Beispiele können Sie die Selbstmotivation üben. Sprechen Sie vernünftig und realistisch mit sich. Dann wird es Ihnen eher gelingen, sich den angstbesetzten Situationen auszusetzen und sie durchzustehen. Bleiben Sie sachlich, und sprechen Sie sich selbst Mut zu. Vielleicht hilft es Ihnen, wenn Sie sich an die ersten Erfolge erinnern.

### d) Und was ist mit der Strategie, positiv zu denken?

Wir halten an diesem Punkt folgenden Hinweis für angebracht. Unsere Strategien zur Kontrolle und Veränderung der eigenen Einstellung unterscheiden sich deutlich von solchen Methoden, die auf positives Denken setzen, wie sie in einigen Büchern beschrieben werden. Im positiven Denken liegt die Tendenz, die Realität in gewissen Teilen zu negieren, während unser Ansatz der positiven Selbstmotivation darauf abzielt, sich der Wirklichkeit immer mehr anzunähern. Folgendes Beispiel soll dies verdeutlichen. Wir haben es absichtlich ein wenig überzeichnet, damit die Unterschiede zwischen den beiden Vorgehensweisen klar ersichtlich werden.

Stellen Sie sich vor, eine Frau verliert ihren Ehemann bei einem Unfall. Sechs Monate nach dem Todesfall ist sie immer noch völlig verzweifelt und hält ihr Leben für sinnlos. Sie wirkt sehr deprimiert. Die Methode des positiven Denkens würde etwa vorschlagen: Sie solle versuchen, sich klarzumachen, daß ihr das Leben nicht nur Kummer bereitet. Sie solle akzeptieren, daß ihr Mann jetzt woanders ist. So habe sie die Chance, persönlich zu reifen und das Leben als schön und nicht nur als traurig zu empfinden.

Wir meinen, daß diese Methode genauso an der Wirklichkeit vorbeigeht wie die Überzeugung der Frau, ihr Leben sei sinnlos. Einen nahen Menschen zu verlieren, ist immer etwas sehr Trauriges. Dabei ist es völlig normal, sich über einen gewissen Zeitraum traurig zu fühlen, zu weinen und sich Sorgen zu machen. Der Versuch, diese Empfindungen zu unterdrükken, würde nur dazu führen, andere emotionale Probleme entstehen zu lassen.

Die Frau aus unserem Beispiel sollte die Trauer respektieren und ihre Situation weder dramatisieren noch unrealistisch bewerten. Das ist eine harte Prüfung. Aber das Leben hört mit dem Tod des Angehörigen nicht auf. Um dem Tod in einer angemessenen Weise zu begegnen, könnte sie zu sich sagen: Die Trauer entspricht einem normalen Lebensabschnitt, der mich auf die Probe stellt, aber doch nur ein Abschnitt ist. Mit der Zeit läßt der Schmerz nach, und das Leben geht wieder seinen gewöhnlichen Gang. Soweit zu unserem Beispiel.

Wir möchten Ihnen helfen, ein emotional ausgewogenes Leben zu führen. Angesichts einer Bedrohung ermöglicht uns das Gefühl der Angst, dieser Gefahrensituation zu entgehen. Angesichts einer ungefährlichen Situation beraubt uns das Gefühl der Angst aber vieler Freuden.

Im Unterschied zur Methode des positiven Denkens gehört die Methode der positiven Motivation zu den Mitteln einer kognitiven Therapie, die sich für die Behandlung von Panikstörungen mit Agoraphobie als geeignet erwiesen haben. Wir kommen jetzt zu anderen Strategien, die sich direkt auf Ihre körperlichen Angstempfindungen beziehen. Es handelt sich dabei um Atemübungen, die auf einen Abbau der körperlichen Panikreaktionen zielen, und um die unmittelbare Konfrontation mit der Panik, die Ihre Angst vor eben diesen Gefühlen abbauen soll.

## Atemübungen helfen die Körperreaktionen regulieren: Nicht mehr hyperventilieren

Wir haben die Panikstörung und die damit zusammenhängende Agoraphobie als eine Angststörung mit starken Körperreaktionen und anderen Folgen kennengelernt. Die körperlichen Panikreaktionen können verschiedenartig beeinflußt werden.

Atemübungen beeinflussen alle körperlichen Symptome. Sie sind für Personen geeignet, die hyperventilieren. Hyperventilation ist eine falsche, zu schnelle Atmung, die Angstzustände auslöst. Viele der körperlichen Angstreaktionen sind selbst verursacht. Wenn Sie lernen, besser zu atmen, können Sie bestimmte Panikreaktionen verhindern.

Eine andere Methode haben wir Ihnen im vorherigen Kapitel vorgestellt. Wir hoffen, daß Sie dabei erfolgreich waren. Diese Konfrontationstechnik läßt sich folgendermaßen zusammenfassen: Durch die Konfrontation mit den Angstsituationen werden die körperlichen Panikreaktionen ganz bewußt hervorgerufen. So soll die mit den körperlichen Beschwerden verbundene Angst abgebaut werden. Das geschieht vor allem durch die Erfahrung, daß die Folgen nicht wie befürchtet eintreten und daß die Beschwerden weniger schlimm sind als angenommen. So läßt sich panische Angst verringern. Je weniger Angst vor der Panik besteht, desto seltener kommt es zu Panikattacken.

Wir erklären Ihnen nun, wie Sie wieder normal atmen können, falls Sie in Panik oder Angst geraten. Zunächst möchten wir Ihnen deshalb erläutern, was normale Atmung bedeutet.

### a) Wie die normale Atmung funktioniert

Bei der Einatmung (Inspiration) wird durch die Lungen Sauerstoff ($O_2$) aufgenommen, mit dem das Blut gereinigt und angereichert wird. Das Blut versorgt dann mit dem Sauerstoff die

Körperzellen, die ihrerseits ihre Abfallprodukte ins Blut abgeben. Dazu gehört beispielsweise das Gas Kohlendioxid ($CO_2$). Die Ausatmung (Exspiration) vervollständigt den Atmungskreislauf: Das überflüssige Kohlendioxid wird aus dem Körper abtransportiert. Der Sauerstoff ist gewissermaßen der Brennstoff des menschlichen Körpers. Das Kohlendioxid ist ein Abfallprodukt bei dieser „Verbrennung". Beide im Blut vorkommenden Stoffe müssen in einem bestimmten Gleichgewicht zueinander stehen.

Ein Körper, der gut mit Sauerstoff versorgt wird, ermüdet langsamer und ist leistungsfähiger. Gut versorgt heißt: Der Körper nimmt nur die Menge an Sauerstoff auf, die er braucht, und gibt die entsprechende Menge an Kohlendioxid ab. Die Atmung verläuft normal, wenn regelmäßig und mit gleicher Atemtiefe geatmet wird. Durch richtiges Atmen wird das richtige Gleichgewicht zwischen Sauerstoff und Kohlendioxid im Blut aufrechterhalten. Entsteht ein Ungleichgewicht, paßt sich die Atmung an, um das richtige Verhältnis wiederherzustellen. Wenn das Sauerstoffangebot im Körper zu groß wird, verlangsamt sich die Atmung, damit sich die Aufnahme von Sauerstoff verringert und das Kohlendioxid leicht vermehrt. Ist dagegen zuwenig Sauerstoff vorhanden, muß sich die Atmung beschleunigen, um die Balance wiederherzustellen. Im Ruhezustand beträgt die normale Atemfrequenz zwischen 10 und 14 Atemzüge pro Minute.

### b) Was bei Hyperventilation passiert

Die Hyperventilation ist **eine zu schnelle Atmung, die zu einem Überangebot an Sauerstoff im Körper führt.** Wenn man sich bewegt, atmet man automatisch schneller, weil der Körper mehr Sauerstoff verbraucht. Umgekehrt atmet man langsamer, wenn man weniger Sauerstoff benötigt, zum Beispiel in einer Ruhephase. Die Hyperventilation weicht von der normalen Atmung ab und entspricht nicht den wirklichen Bedürfnissen des Körpers. Sie ruft viele unangenehme Empfindungen hervor.

Wenn das Gleichgewicht zwischen Sauerstoff- und Kohlendioxidgehalt im Blut gestört ist, ziehen sich die Blutgefäße zusammen. Obwohl durch Hyperventilation die Sauerstoffzufuhr im Blut erhöht wird, verringert sich die Sauerstoffabgabe an die Körperzellen. Dadurch kommt es zu zweierlei Arten von Symptomen: 1. Schwindelgefühle, Erstickungsgefühle, Sehstörungen, Gefühle von Unwirklichkeit – verursacht durch die geringfügige Abnahme des Sauerstoffs in bestimmten Gehirnarealen; 2. erhöhte Herzschlagfrequenz und infolgedessen verstärkte Blutzirkulation, Taubheitsgefühle in den Gliedmaßen, feuchte Hände, muskuläre Verspannungen – verursacht durch die Verringerung des Sauerstoffgehalts in bestimmten Körperregionen. **Zur Erinnerung: Diese Symptome sind alle völlig ungefährlich. Sie glauben zwar vielleicht zu ersticken, erhalten aber zuviel Sauerstoff.**

Die Hyperventilation hat noch andere Auswirkungen. Zunächst einmal bedeutet sie für unseren Körper eine anstrengende Arbeit, die uns erhitzen und zum Schwitzen bringen kann. Diese körperliche Anstrengung kann auf die Dauer zu Müdigkeit und Erschöpfung führen. Außerdem neigen hyperventilierende Personen dazu, mit den Brustmuskeln und nicht mit dem Zwerchfell zu atmen. Das Zwerchfell ist ein leistungsfähiger Muskel, der direkt unterhalb des Brustkorbs liegt. Die Ermüdung und Anspannung der Brustmuskeln können Beklemmungs- und Schmerzgefühle im Brustkorb verursachen. Nicht zuletzt seufzen und gähnen Menschen, die zur Hyperventilation neigen, öfter und stoßen dadurch rasch viel Kohlendioxid aus. Seufzen und Gähnen sind oft Anzeichen von Hyperventilation.

Bei der Hyperventilation intensiviert sich die Atmungstiefe sowie die Atemfrequenz. Es kommt zu einem Ungleichgewicht beim Austausch von Sauerstoff und Kohlendioxid. Dadurch werden die Lungen stärker belüftet, obwohl der Organismus dies nicht braucht. Der Körper muß sich dieser übermäßigen Luftzufuhr anpassen: Er setzt verschiedene chemische Prozesse in Gang, die zu unangenehmen körperlichen Reaktionen führen. Sie können diese unangenehmen Gefühle verhindern, indem Sie lernen, normal zu atmen.

### c) Wie Sie richtig atmen lernen

Wir möchten Ihnen jetzt eine Technik zur richtigen Atmung vorstellen. Üben Sie das richtige Atmen zunächst in Ruhephasen. Nach einiger Zeit können Sie dann versuchen, auch in Streßsituationen normal zu atmen. Es ist wichtig, daß Sie diese Reihenfolge einhalten.

Durch die Atemübung soll die Frequenz und die Tiefe der Atemzüge normalisiert werden. Sie lernen dabei, wieder mehr mit dem Zwerchfell und weniger mit den Brustmuskeln zu atmen. Hyperventilierende Personen atmen zuwenig über das Zwerchfell und belasten zu sehr die Brustmuskeln, die dadurch überanstrengt werden. Die Brustatmung wird normalerweise erst eingesetzt, wenn mehr Sauerstoff gebraucht wird, beispielsweise bei körperlicher Anstrengung.

Wir stellen Ihnen nun die einzelnen Übungsschritte vor.

| Übung 20 |

1. Machen Sie es sich an einem ruhigen Platz bequem. Beobachten Sie zunächst Ihre Atmung, ohne sie zu verändern. Versuchen Sie dann, kontrolliert zu atmen: Beim Einatmen, d. h. wenn die Luft in Ihre Lungen strömt, zählen Sie „eins". Beim Ausatmen sagen Sie zu sich: „Ich entspanne mich". Beim nächsten Einatmen sagen Sie: „zwei" und beim Ausatmen wieder: „Ich entspanne mich". Machen Sie diese Übung zehnmal, und zählen Sie dann wieder rückwärts bis eins. Konzentrieren Sie sich dabei nur auf Ihre Atmung und Ihre Worte. Das ist leichter gesagt als getan. Mit der Zeit fällt Ihnen das

richtige Atmen wieder leichter, weil es zur Routine geworden ist.

Wenn Sie bis zehn und wieder zurückgezählt haben, legen Sie die eine Hand auf Ihre Brust und die andere auf Ihren Bauch. Sie werden wahrscheinlich feststellen, daß sich Ihr Brustkorb und nicht Ihre Bauchdecke hebt. Normalerweise müßte das umgekehrt sein. Versuchen Sie nun, mit dem Zwerchfell zu atmen. Sie können spüren, wie sich die Bauchmuskeln ein wenig zusammenziehen. **Versuchen Sie nicht, die Frequenz und die Tiefe Ihrer Atemzüge zu verändern.** Wenn Ihnen die Zwerchfellatmung gelingt, versuchen Sie, dabei zu bleiben. Beenden Sie Ihre Übung, wenn Sie beim Einatmen wieder bis zehn und wieder zurückgezählt und beim Ausatmen entsprechend „Ich entspanne mich" gesagt haben. Wiederholen Sie diese Übung zweimal täglich zehn Minuten lang. Machen Sie diese Übung über eine Woche lang.

2. Wenn Sie statt der Brust- die Zwerchfellatmung anwenden, hebt sich während der Übung nur noch die Bauchdecke. Bisher haben Sie versucht, durch Zählen und Entspannen mit dem Zwerchfell zu atmen. Versuchen Sie jetzt, die Intensität und Anzahl Ihrer Atemzüge zu verringern. Sie wählen dafür einen bestimmten Rhythmus: Zunächst zählen Sie und atmen dann aus. Danach sagen Sie: „Ich entspanne mich" und atmen wiederum aus. Wiederholen Sie dies zehnmal pro Minute. Zum Ein- und Ausatmen bleiben Ihnen dann jeweils etwa drei Sekunden. Legen Sie eine Hand auf den Bauch und die andere auf den Brustkorb, damit Sie prüfen können, ob Sie tatsächlich mit dem Zwerchfell atmen. Wiederholen Sie diese Übung eine Woche lang täglich.

3. Sie können nun langsam und ruhig atmen. Sie können jetzt die Zwerchfellatmung in verschiedenen Situationen üben. Sie sollten dabei aber sitzen. Trainieren Sie eine Woche lang die richtige Atmung unter verschiedenen Bedingungen.

4. Sie haben bisher gelernt, in Alltagssituationen wieder richtig zu atmen. Jetzt können Sie versuchen, auch in Streß-

situationen normal zu atmen. Aber Vorsicht! **Diese Atemtechnik ist keine Strategie, um eine Panikattacke zu vermeiden, aber sie eignet sich gut dazu, die Gemütsverfassung bei Angst und Panik auf physiologischer Ebene positiv zu verändern.** Wenn Sie eine drohende Angstsituation verhindern möchten, indem Sie verzweifelt versuchen, normal zu atmen, besteht die Gefahr, daß sich Anspannung und Panik verstärken. Versuchen Sie, diese Atemtechnik anzuwenden, bis Sie wieder in einem natürlichen Rhythmus atmen. So werden Sie Ihre Hyperventilation überwinden lernen.

## Die Desensibilisierung: Abbau Ihrer Angst- und Panikgefühle durch Simulation

Die Angst vor bestimmten Körperreaktionen ist ein Hauptgrund für die Auslösung von Panikattacken. Deshalb ist es sinnvoll, mit Hilfe bestimmter Techniken auf diese Kettenreaktion einzuwirken. Sie können auf diese Weise Ihre Panikgefühle von den Angstsituationen abzulösen und sie dadurch als weniger dramatisch erleben.

Eine Methode, um diese Loslösung zu erreichen, liegt darin, **sich so lange mit den Symptomen seiner Panik auseinanderzusetzen, bis sie deutlich nachlassen; dazu konfrontiert man sich ganz bewußt immer wieder mit den Angst- und Panikreaktionen.** Mit dieser Technik lernen Sie, Ihre Sensibilität für die Körperreaktionen einzuschätzen und dadurch zu verringern. Wir führen die Therapieform der Desensibilisierung erst hier ein, weil sie manchen eher schwerfällt. **Bevor Sie diese Methode anwenden, stellen Sie sicher, daß Sie die Methoden aus den vorherigen Kapiteln gut kennen. Haben Sie das Problem der Panik durchschaut und können Sie die Panik aktiv angehen? Sie sollten in der Lage sein, der Panik nicht mehr auszuweichen, sondern ihr konstruktiv zu begegnen. Sie soll-**

ten Ihren inneren Monolog besser im Griff haben und schon angstfreier mit sich umgehen können, so daß auch Ihre Körperreaktionen abgenommen haben. Die Desensibilisierung ist allerdings nicht für Personen geeignet, die gar keine Paniksymptome aufweisen.

### a) Wie funktioniert die Desensibilisierung?

Angst- und Panikgefühle werden individuell unterschiedlich erlebt. Wir zeigen Ihnen Übungen zur Wahrnehmung von Körperreaktionen, die Ihren Angst- und Panikreaktionen entsprechen. Sie werden also Gefühle erleben, die Sie von Ihren Panikattacken her kennen.

Zunächst werden Sie herausfinden, welche Übungen für Sie als Teil Ihrer täglichen Selbsttherapie geeignet sind. Ziel ist es, daß Sie in die Lage versetzt werden, sich den Panikattakken zu stellen. Sie wählen bestimmte Übungen nach einer Schwierigkeitsliste aus. Denken Sie daran, daß die ausgewählten Angstsituationen Empfindungen auslösen sollen, die Ihren Angst- und Panikgefühlen entsprechen. Die täglichen Übungen zielen darauf, die Angst vor Körperreaktionen, die Sie als bedrohlich, unangenehm oder katastrophal erleben, zu verringern oder sogar ganz aufzulösen. Denn Sie dürfen eins nicht vergessen: Um dies zu erreichen, ist die kontinuierliche Auseinandersetzung mit dem Angstobjekt bzw. der Angstsituation unumgänglich. Wenn Sie sich regelmäßig und auf angemessene Weise den angstauslösenden Umständen und Ihren unangenehmen Körperreaktionen stellen, können Sie Ihre Phobie endgültig besiegen.

Es geht darum, sich immer wieder mit den körperlichen Panikreaktionen auseinanderzusetzen. Dies hat den Vorteil, daß Sie dabei auf bereits erlernte Interventionstechniken (z. B. die Technik zur Überwindung der Hyperventilation oder zur Kontrolle der eigenen Vorstellungswelt) zurückgreifen können. Sie haben sicherlich schon gemerkt: **Je öfter Sie eine Methode** anwenden, desto geübter werden Sie und desto einfacher und wirksamer gestaltet sich die Therapie.

Machen Sie die folgenden Übungen zunächst in einer entspannten Atmosphäre, dann in Ihrem Alltagsleben und zum Abschluß in den angstauslösenden Situationen.

Wir stellen Ihnen nun kurz die Hauptpunkte der Desensibilisierungsmethode vor, d. h. die einzelnen Übungsschritte, mit denen Sie sich immer mehr mit Ihren körperlichen Panikreaktionen konfrontieren. Sie werden merken, daß Sie sich in Angstsituationen weniger unwohl und belastet fühlen. Machen Sie die folgenden vier Schritte nacheinander:

1) **Finden Sie die für Sie geeigneten Übungssituationen heraus:** Sie werden sich zunächst einige Übungssituationen aussuchen, die ähnliche Körperreaktionen wie Panikattakken auslösen.

2) **Beginnen Sie mit den Desensibilisierungsübungen:** Nachdem Sie die passende Übungssituation gefunden haben, beginnen Sie mit der Desensibilisierung, indem Sie regelmäßig die entsprechenden Übungen durchführen.

3) **Desensibilisieren Sie sich in Alltagssituationen:** Sie setzen sich Ihren simulierten Gefühlen auch im alltäglichen Leben aus.

4) **Desensibilisieren Sie sich in angstauslösenden Situationen:** Sie stellen sich angstauslösenden Situationen durch Simulation Ihrer Angst- und Panikgefühle.

**b) Wie Sie geeignete Übungssituationen herausfinden**

Die erste Aufgabe besteht darin, daß Sie die Gefühle, die das Training auslöst, analysieren, bewerten und ordnen. Dazu sollten Sie die vorgeschlagenen Übungen nacheinander durchführen. Wenn Sie Ihre Gefühle analysiert haben, nehmen Sie sich genügend Zeit, sie nach folgenden Kriterien zu bewerten:

1) die Intensität der simulierten Gefühle auf einer Skala von 1 für sehr schwache Angst bis 8 für sehr starke Angst;
2) die Intensität der Angst, die Sie angesichts der simulierten Gefühle empfinden, auf der gleichen Skala von 1 bis 8;
3) die Ähnlichkeit der Gefühle, die Sie in den Übungen und während der Panik- oder Angstanfälle erleben. Sie benutzen wiederum die Skala von 1 für einen sehr geringen Ähnlichkeitsgrad bis 8 für einen sehr hohen Ähnlichkeitsgrad.

Eine dringende Empfehlung: **Suchen Sie sich eine Person, die Sie unterstützt, wenn Sie die Übungen zum erstenmal machen.** Es könnte Ihr Psychologe sein oder eine andere Vertrauensperson.

Wir listen Ihnen nun die unterschiedlichen Übungen auf:

1) Schütteln Sie Ihren Kopf von rechts nach links und umgekehrt jeweils **für 30 Sekunden**.
2) Nehmen Sie Ihren Kopf **für 30 Sekunden** zwischen die Knie, dann richten Sie sich rasch auf.
3) Gehen Sie zu einer Treppe und steigen Sie dann an einer Stufe **eine Minute lang** immer wieder auf und ab. Und zwar schnell genug, damit sich die Herzfrequenz beschleunigt. Sie können für diese Übung auch eine feste Kiste oder einen Schemel benutzen. Wichtig ist nur, daß Sie mehrere Male rauf- und runtersteigen, bis Ihr Herz länger als eine Minute schneller als sonst schlägt.
4) Halten Sie **für 30 Sekunden** die Luft an.
5) Spannen Sie Ihren ganzen Körper **eine Minute lang** an. Dazu spannen Sie verschiedene Muskeln an, jedoch ohne stechende Schmerzen hervorzurufen. Sie können zum Beispiel Ihre Arm-, Bein-, Bauch-, Rücken-, Schulter- oder Gesichtsmuskeln zusammenziehen. Oder Sie setzen sich auf den Boden und spannen Ihren Körper insgesamt an – für mindestens eine Minute oder so lange, wie Sie es aushalten.
6) Wenn Sie einen Drehstuhl haben, drehen Sie sich **eine Minute lang** um sich selbst und halten dann an. Die Wirkung wird verstärkt, wenn eine andere Person Sie dreht. Wenn

Sie keinen Drehstuhl haben, stellen Sie sich einfach hin und drehen sich um die eigene Achse, bis Sie schwindlig werden. Bleiben Sie dann noch **eine Minute lang** stehen, bevor Sie sich in einen bequemen Sessel oder auf ein Sofa setzen bzw. fallen lassen.

7) Setzen Sie sich hin und hyperventilieren Sie **eine Minute lang**. Atmen Sie dazu schnell, tief und kräftig ein. Es ist besser, diese Übung im Sitzen zu machen.

8) Atmen Sie **eine Minute lang** durch einen engen Strohhalm. Halten Sie sich die Nasenlöcher zu, damit Sie auf gar keinen Fall durch die Nase atmen.

Sie können natürlich auch andere Übungen versuchen, die bei Ihnen unangenehme Empfindungen auslösen. Wenn Sie etwa während Ihrer Panikattacken an Sehstörungen leiden (verschwommenes Sehen oder Gefühl, nichts mehr zu sehen), könnten Sie **zwei Minuten lang** mit den Augen ein und dieselbe Stelle fixieren. Oder Sie könnten für 30 Sekunden in eine Lichtquelle schauen und danach den Blick auf eine weiße Wand richten. Sie werden dadurch ein Bild auf dem Augenhintergrund bzw. auf der Netzhaut sehen. Oder: Ihr Hals fühlt sich rauh und unwohl an. Drücken Sie nun mit Ihren Händen auf beide Halsseiten, oder üben Sie mit der hinteren Zunge Druck auf den Hals aus. Oder: Setzen Sie sich in einen engen Raum oder in ein kleines Auto und bleiben Sie dort **fünf Minuten lang**. In beiden Fällen erhöht sich die Temperatur, so daß Sie zu ersticken meinen.

Wenn Sie diese Übungen gemacht haben, werden Sie auch die Angstgefühle, die Sie am stärksten beeinträchtigen, besser einschätzen. Das gleiche gilt für die Empfindungen, die Sie durch Ihre Übungen simulieren. Sie können sich eigene Übungen ausdenken und ausprobieren – seien Sie kreativ. Es ist nämlich sehr wichtig, daß Sie Angst- und Panikgefühle nicht nur erleben, sondern auch selbst erzeugen können.

Wie die Desensibilisierung wirkt, zeigen wir nun an den Ergebnissen, die Julia mit unseren Übungen erzielt hat. Julia hat jede Übung gemacht. Zunächst hat sie die Intensität ihrer Gefühle auf einer Skala von 1 bis 8 bewertet. Dann hat sie anhand der gleichen Skala die Intensität der dabei erlebten Angst festgehalten. Zum Schluß hat sie die Ähnlichkeit zwischen Empfindungen bewertet, die sie während der Übungen und während der Panikattacken erlebte.

Schauen Sie sich einmal das Ergebnisprotokoll von Julia an. Die Zahlen in den Klammern beziehen sich auf die Werte der Skala.

**1. Hin- und Herschütteln des Kopfes:**

„Oh! Das macht mich schwindlig und bringt mich aus dem Gleichgewicht. Ich sehe die Dinge nur noch verschwommen. Aber wenn ich die Übung fertig habe, kann ich wieder richtig sehen."

Bei Julia hat diese Übung wenig Angst (2) erzeugt. Sie hat die simulierten Empfindungen als nicht sehr ähnlich (2) mit ihren echten Angst- und Panikgefühlen empfunden. Zugleich aber hat sie ihre Empfindungen nach Abschluß des Desensibilisierungstrainings als sehr intensiv (6) eingestuft.

**2. Senken und Heben des Kopfes:**

„Ich fühle mich ein wenig schwindlig. Aber das ist nicht so schlimm."

In Julias Bericht steht: Keine Angst (1), kaum ähnlich (2) und nur mittelschwache Gefühle (3).

**3. Auf- und Absteigen:**

„Ich merke, daß ich mit der Übung aufhören muß. Mein Herz schlägt zu schnell. Ich schwitze stark und bin außer Atem. Normalerweise gehe ich solchen Übungen bzw. Empfindungen aus dem Weg."

Julia protokolliert sehr starke Gefühle (7), die für sie den echten Panikgefühlen sehr ähnlich waren. Anfänglich hatte sie sehr große Angst (5).

**4. Luft anhalten:**

„Nichts, nur ein kleiner Druck im Brustbereich."

Julias Empfindungen waren alle sehr schwach. Sie hat sie deshalb nicht aufgeschrieben.

**5. Starke körperliche Anspannung:**

„Ich zittere und fühle mich schwach."

Während Julia sehr starke Gefühle erlebte (5), hatte sie überhaupt keine Angst (1). Die simulierten Empfindungen entsprachen kaum (1) den echten Angst- und Panikgefühlen.

**6. Drehung um die eigene Achse:**

Julia hat diese Übung bereits nach 30 Sekunden statt nach einer Minute beendet.

„Mir ist total schwindlig. Das Zimmer dreht sich, und ich drehe mich. Mein Herz rast, und ich zittere. Jetzt, nachdem ich angehalten habe, hört es auf."

Ihre Empfindungen waren sehr intensiv (7), glichen erheblich (5) jenen bei Panikattacken und erschreckten sie einigermaßen (4).

**7. Hyperventilation:**

Julia hat nach 45 Sekunden aufgehört.

„Mir ist warm, und ich schwitze. Mein Gesicht prickelt. Mir ist schwindlig. Ich habe das Bedürfnis, tief Luft zu holen."

Durch die Übung erlebte Julia sehr starke Gefühle (7). Diese Empfindungen erinnerten sie erheblich (5) an ihre Panikattacken und bereiteten ihr große Angst (6).

**8. Eingeschränkte Atmung:**

Julia unterbrach nach 30 Sekunden.

„Ich kann nicht mehr länger so weiteratmen. Ich muß mal tief durchatmen."

Julia empfand ihre Symptome mit großer Intensität (6) und Angst (6) und fühlte sich durchaus (4) an ihre wirklichen Paniksymptome erinnert.

Sie haben sicherlich gedacht: Wie gut hat Julia diese Übungen absolviert. An ihrem Fall wird klar, daß man durch eine Übung sehr intensive Empfindungen erleben kann, ohne Angst empfinden zu müssen.

Absolvieren Sie nun der Reihe nach jede der Übungen. Beobachten Sie dabei Ihre Reaktionen. Notieren Sie Ihre Empfindungen und Ihren inneren Monolog. Anschließend bewerten Sie die Intensität Ihrer Empfindungen und Ihrer Angst und beurteilen, wie ähnlich Ihre simulierten den echten Paniksymptomen sind. Schreiben Sie Ihre Beobachtungen und Bewertungen in Ihr Logbuch. Markieren Sie mit einem Sternchen die Übungen, bei denen Sie sowohl die Intensität der Angst als auch die Ähnlichkeit Ihrer Empfindungen mit 3 oder mehr auf der Skala (von 0 bis 8) eingestuft haben. Dann ordnen Sie die markierten Übungen in aufsteigender Folge, so daß Sie Ihre Empfindungen je nach Intensität und Ähnlichkeit von schwach bis stark auflisten können.

### c) Mit der Desensibilisierung beginnen

Wir beginnen mit den praktischen Übungen. Sie fangen mit einer Übung an, die sehr wenig Angst erzeugt, aber trotzdem eine echte Panikattacke gut simuliert (auf der Ähnlichkeitsskala mit 3 oder höher eingestuft). Schauen Sie, wie Julia ihre Übungen eingeteilt hat: 1. Drehung um die eigene Achse, 2. Auf- und Absteigen, 3. Hyperventilation und 4. eingeschränkte Atmung.

Wenn Sie die Übungen machen, sollten Sie eine Stoppuhr oder eine Uhr mit Sekundenzeiger benutzen, damit Sie die Zeiten für die jeweilige Übung einhalten können. Sie trainieren vor allem die Übungen, die für Sie persönlich am wichtigsten sind. Dabei sollten Sie unbedingt folgende Hinweise beachten. Wiederholen Sie jede Übung, denn nur so können Sie die Angst abbauen. Sobald es bei Ihnen zu den Empfindungen kommt, sollten Sie auf jeden Fall die Übung für weitere 30 Sekunden fortsetzen (10 Sekunden beim Luftanhalten und Kopfsenken bzw. -heben). Danach beenden Sie die Übung und

## Beobachtungsprotokoll für die Reaktionen während der Desensibilisierungsübungen

| Tag | Übung | Anzahl der Versuche | Furcht/Angst von 0–8 |
| --- | --- | --- | --- |
| | | | |
| | | | |
| | | | |
| | | | |
| | | | |
| | | | |
| | | | |
| | | | |
| | | | |
| | | | |
| | | | |
| | | | |
| | | | |
| | | | |
| | | | |
| | | | |
| | | | |
| | | | |
| | | | |
| | | | |
| | | | |
| | | | |
| | | | |
| | | | |
| | | | |
| | | | |
| | | | |
| | | | |
| | | | |
| | | | |

bewerten die Intensität Ihrer Angst auf der Skala von 0 bis 8. Sie können dazu das abgebildete Beobachtungsprotokoll als Modell benutzen. Kopieren Sie das Protokoll mehrmals, weil Sie es öfter brauchen werden. Sie können es zu Ihrem Logbuch legen.

Sie haben nach jeder Übung Ihre Beobachtungen notiert. Jetzt können Sie mit den bereits gelernten Strategien (richtige Atmung, Einstellungsänderung, positive Selbstmotivation, Ablenkung) weitermachen. Ziel ist es, mit den körperlichen und psychischen Reaktionen, die durch die Simulationsübungen hervorgerufen wurden, besser zurechtzukommen und sie zu verändern. **Jetzt ist der richtige Zeitpunkt, die bereits erlernten Strategien einzusetzen. Sie sollten diese nicht direkt vor den Simulationsübungen anwenden.** Achten Sie besonders auf angstauslösende Vorstellungen, z.B. „Ich muß mit der Übung aufhören, weil ich es nicht mehr aushalte." Sie selbst steuern Ihren inneren Monolog. Selbstprophezeiungen dieser Art beruhen ausschließlich auf Ängsten und negativen Erwartungen. In Wirklichkeit können Sie in aller Ruhe Ihre Übungen erfolgreich fortsetzen.

Probieren Sie bei Ihrem Desensibilisierungstraining nicht, die verhaltenstherapeutischen und kognitiven Techniken **vor** den Übungen anzuwenden. Sie müssen die Empfindungen richtig erleben, dann erst kann sich Ihre Furcht durch die Desensibilisierungsmethode verringern. Vielleicht hat man Ihnen von anderer Seite geraten, diese Techniken zum sinnvollen Umgang mit Panikattacken bereits dann einzusetzen, wenn Sie die ersten (körperlichen) Panik- oder Angstsymptome im Alltag verspüren. Bitte versuchen Sie dennoch, die Panikreaktionen zunächst einmal intensiv zu spüren. Danach können Sie Ihre Angstsymptome abbauen und in den Griff bekommen. Erst so werden Sie eine positive Auseinandersetzung mit Ihrer Panik erleben können.

Versuchen Sie, die simulierten Empfindungen so intensiv wie möglich zu erleben. Gehen Sie den Empfindungen nicht aus dem Weg, indem Sie die Übungen zu locker gestalten. Seien Sie also nicht zu vorsichtig. Denn es ist wichtig, die simulierten Gefühle intensiv und gründlich zu erleben. Beispielsweise muß bei der Übung „Auf- und Absteigen" die Geschwindigkeit stimmen, d. h. hoch genug sein, damit Sie auch tatsächlich genau die gleichen Herzreaktionen empfinden. Bei der Übung „Drehung um die eigene Achse" muß die Rotation lange genug fortgesetzt werden, damit sich das Schwindelgefühl einstellt. Bei der Hyperventilation geht es darum, kräftig und schnell genug auszuatmen. Achtet man nicht darauf, verlieren die Übungen ihre Wirkung.

## Übung 22

Führen Sie die ersten zwei Übungen Ihrer Liste jeden Tag durch. Trainieren Sie so lange, bis das Angstniveau nicht mehr den Wert 2 auf der Skala überschreitet. Waren Sie damit erfolgreich, gehen Sie zur nächsten Übung. Vergessen Sie nicht, die Techniken zur Selbstkontrolle erst **nach** den Übungen anzuwenden. Sollten die beiden ersten Übungen kaum noch Angst erzeugen (Wert 2 oder weniger), dann üben Sie trotzdem noch eine Woche damit weiter und beginnen erst dann mit neuen Übungen. Gehen Sie auf diese Weise Ihre Liste durch, bis Sie alle Übungen durchgemacht haben.

Für den Fall, daß keine der hier vorgestellten Übungen bei Ihnen Angst erzeugt, obwohl die simulierten Reaktionen echten Panikreaktionen durchweg entsprechen, versuchen Sie herauszufinden, was dies erklären könnte:

1) Sie haben keine Angst, weil Sie sich in Ihrer Übungssituation sicher fühlen. Einige haben uns erzählt, daß sie mehr Furcht empfunden haben, sobald sie allein geübt haben, während sie sich in Begleitung sicherer fühlten. Im Notfall wäre ein Helfer dagewesen. Natürlich ist die Annahme, allein sei man in Gefahr, falsch. Die Übungen sind ungefährlich, egal ob man allein oder zu zweit ist.

2) Sie empfinden die Übungssituation als weniger schlimm, weil Sie glauben, das Auftreten der angstauslösenden Empfindungen kontrollieren zu können. Einige unserer Patienten haben uns gesagt, daß sie keine Furcht empfinden, weil sie genau wissen, wie ihre Empfindungen zustande kommen. Sie merken sicherlich, daß auch hier die Angst vor einer Panikattacke auf einem falschen Glauben beruht. Es wird unterstellt, daß natürliche Panikattacken nicht durch besondere Umstände ausgelöst würden. Sie wissen inzwischen aber ganz genau, daß das so nicht stimmt.

Nehmen wir einmal an, einer der beiden Fälle trifft auf Sie zu. Dann können Sie mit Hilfe Ihrer Imaginationsfähigkeit das Training unterstützen. Während Sie bestimmte Empfindungen erleben, versuchen Sie einmal, sich so realistisch wie möglich eine Angstsituation vorzustellen. Sie könnten zum Beispiel imaginieren, Sie seien allein zu Hause und niemand könnte Ihnen helfen, während Sie hyperventilieren. Wenn Sie durch diese Visualisierung nicht mehr Angst empfinden, wäre es vielleicht sinnvoll für Sie, die Übungen wirklich allein durchzuführen. Nur dadurch könnten Sie lernen, sich weniger durch bestimmte Gefühle erschrecken zu lassen und Ihre Panikreaktionen in den Griff zu bekommen.

Durch regelmäßiges Üben werden Sie in Ihrem Alltagsleben bald folgendes bemerken: Wenn Paniksymptome auftreten, weil Sie angespannt sind oder aus anderen Gründen, dann geraten Sie nicht mehr so leicht in Angst. Daraus folgt zweierlei: Die Paniksymptome können nicht mehr stärker werden, und Sie werden sich sicherer fühlen.

### d) Die Desensibilisierung im Alltag üben

Jetzt werden Sie die Desensibilisierung in Alltagssituationen anwenden. Benutzen Sie dazu die oben dargestellten Techniken. Führen Sie das Training so lange durch, bis sich die entsprechenden Empfindungen entwickeln. Wenn die simulierten Gefühle anfangen, halten Sie weitere 30 Sekunden durch (für 10 Sekunden beim Luftanhalten und Kopfsenken bzw. -heben). Dann bewerten Sie die Intensität Ihrer Angst auf der Skala von 1 bis 8. Üben Sie auch das richtige Atmen. Notieren Sie dabei alle Angstvorstellungen, und überwinden Sie sie mit Hilfe der oben beschriebenen Techniken zur Selbstkontrolle des inneren Monologs.

Denken Sie immer daran, diese Techniken nicht **vor** den Übungen einzusetzen. Es geht ja darum, zuerst die Empfindungen intensiv zu erleben, so daß sich die damit verbundene Furcht durch die Simulation verringern kann. Darin liegt der Unterschied zu Ihrer echten Angst im Alltagsleben: Da sollen Sie die verschiedenen Techniken zur Angstbewältigung schon beim Aufkeimen der Panik anwenden. In den Übungssituationen erleben Sie die simulierten Gefühle länger und intensiver und wenden erst danach die Interventionstechniken an.

Führen Sie die Übungen möglichst intensiv durch, die simulierten Empfindungen sollten so stark wie möglich sein. Sie können sich natürlich schonen und nur bis zu den schwachen Gefühlen gehen. Aber dann werden Sie auch nur wenig Verbesserung erleben.

Die Desensibilisierung funktioniert im Grunde genommen dadurch, daß Sie sich den natürlichen und alltäglichen Angstsituationen allmählich annähern. Es werden ähnliche Gefühle ausgelöst wie bei echten Panikattacken. Vielleicht haben Sie gegenüber bestimmten Alltagsaktivitäten ein Vermeidungsverhalten entwickelt. Auslöser dafür waren Angstgefühle, auch wenn Sie sich dessen gar nicht bewußt sind. Beispielsweise umgehen Sie ganz bestimmte Situationen, etwa Kaffee trinken, Schokolade essen, Gymnastik, das Aufheben schwerer Gegenstände, schnelle Bewegungen, Rolltreppen. Prüfen Sie jedes Beispiel genau. Analysieren Sie auch vergleichbare Situationen, die Panikreaktionen auslösen können. Beurteilen Sie, warum Sie ihnen aus dem Weg gehen oder nur mit Zögern, ja Angst, begegnen. Die Beispiele in Übung 23 zeigen Ih-

nen normale und ungefährliche Körperreaktionen, die im Alltag auftreten und als Vorzeichen für Panikattacken gelten,
auch wenn sie nicht sofort als die eigentlichen Ursachen für
die Panikattacken identifiziert werden. Man darf eins nicht
vergessen: Die simulierten Empfindungen sind mit echten Panikattacken gekoppelt. Sie wieder zu erleben kann der einfache, aber entscheidende Grund für die Auslösung der Angst
vor der Angst sein.

| Übung 23 |

Stellen Sie zunächst fest, welche Alltagssituationen Sie gewöhnlich vermeiden, weil sie bei Ihnen Angstreaktionen ausgelöst haben. Wir zeigen Ihnen eine Reihe von Beispielen, damit es Ihnen leichter fällt, Ihre persönliche Liste aufzustel-
len:

– Rolltreppen rauf- und runterfahren
– bei warmem Wetter hinausgehen
– sich in einem überfüllten und heißen Raum aufhalten
– sich in ein kleines und überheiztes Auto setzen
– sich in einem überfüllten Geschäft oder Einkaufszentrum
  befinden
– bei kaltem Wetter hinausgehen
– Gymnastik machen
– einen schweren Gegenstand aufheben
– tanzen
– mit jemandem sexuellen Kontak haben
– einen Horrorfilm ansehen
– eine schwere Mahlzeit einnehmen
– einen Actionfilm oder ein sportliches Ereignis anschauen
– in eine Diskussion eingreifen
– sich bei geschlossenen Fenstern und Türen duschen
– in die Sauna gehen
– spazierengehen

- Sport treiben
- Kaffee oder ein anderes koffeinhaltiges Getränk trinken
- Schokolade essen
- schnell aufstehen
- sich ärgern ...

Sie haben jetzt die Alltagssituationen notiert, denen Sie gerne aus dem Weg gehen. Sie können nun die Intensität der dabei empfundenen Angst mittels einer Skala von 1 bis 8 festhalten. Die Liste reicht von sehr schwachen bis zu sehr starken Angstgefühlen.

Anschließend können Sie mit der Desensibilisierung beginnen und sich mit jeder einzelnen Situation auseinandersetzen. Dabei sollten Sie folgende Unterschiede zum bisherigen Vorgehen beachten. Zum einen ist es manchmal aus praktischen Gründen sinnvoll, eine bestimmte Pause einzulegen, bevor Sie eine Übung wiederholen. Zum anderen halten die Auswirkungen oft länger an als bei kleineren Übungen. Das bedeutet aber nicht, daß diese Übungen gefährlich sind. Außerdem sollten Sie nicht versuchen, die Übungen so abzuschwächen, daß Sie kaum etwas spüren. Seien Sie auf eine Gefühlsflut gefaßt. Benutzen Sie die Techniken zur Selbstkontrolle der Empfindungen und Gedanken. So können Sie Ihre Angst vor den bewußt provozierten Reaktionen mindern.

Zur Unterstützung Ihrer Desensibilisierung können Sie noch folgende Übung machen: Rufen Sie sich Ihre schlimmsten Panikanfälle ins Gedächtnis zurück. Beim bloßen Gedanken werden Sie sicherlich die gleichen Empfindungen haben wie damals.

Nehmen Sie sich die Zeit, unsere Ausführungen mehrmals zu lesen, damit Sie die Desensibilisierungsmethode richtig umsetzen können.

### e) Was tun, wenn Sie weiterhin in Panik geraten?

Vielleicht haben Sie während der Selbsttherapie noch einige Panikattacken erlebt. Das ist ganz normal. Bei der Behandlung einer Panikstörung mit Agoraphobie gibt es immer Höhen und Tiefen. Wenn Ihnen trotz Ihrer bisherigen Bemühungen Panikattacken widerfahren, dann bedeutet das nicht, daß Ihre Selbsttherapie wirkungslos ist. Sie haben zwar immer noch damit zu kämpfen, daß Sie hyperventilieren und Angstvorstellungen haben. Doch nur durch Geduld und regelmäßiges Üben gelingt Ihnen letztlich die richtige Atmung. Nur so können Sie Ihre alten Ängste überwinden und die richtige Einstellung gewinnen, nämlich daß Panikreaktionen keine reale Gefahr darstellen. Wir bitten Sie, die in Kapitel 4 vorgeschlagenen Interventionstechniken nochmals durchzugehen. Dann werden Sie sich mit Ihrer Panik noch besser auseinandersetzen können. Gleichzeitig werden Sie sich auch nicht mehr so leicht durch erneute Panikattacken entmutigen lassen. Diese sind zwar unangenehm, aber Ihnen ist jetzt bewußt, daß Ihre Selbsttherapie gelingen kann.

Vergegenwärtigen Sie sich die wichtigsten Prinzipien, mit deren Hilfe Sie zur objektiveren Sicht der Dinge gelangen und den Teufelskreis Ihrer Angstreaktionen überwinden können. Es geht in Ihrem Desensibilisierungstraining vor allem darum, diesen Kreis zu durchbrechen.

Folgende Schwierigkeiten könnten sich Ihnen während eines Panikanfalls stellen:

1) Die Panik kommt dermaßen plötzlich und unvorhergesehen, daß ich gar nicht mehr rational reagieren kann.

2) Ich bin so schockiert, daß ich nicht mehr klar und logisch denken kann.

3) Wenn ich total erschrecke, dann fällt es mir schwer, meinen eigenen Worten zu vertrauen. Meine alten negativen Anschauungen drängen sich mir wieder auf – beispielsweise sage ich mir wieder: „Bestimmt stirbst du gleich."

4) Ich kann die körperliche Anspannung und Hyperventilation einfach nicht verhindern.

Finden Sie heraus, welcher der vier Prozesse bzw. ob ein spezieller Prozeß während Ihrer Panikattacken abläuft und eine angemessene Kontrolle Ihrerseits verhindert. Ist dies der Fall, tun Sie folgendes:

1) Stellen Sie sich gut überlegte Fragen. So helfen Sie sich, eine realistische Weltsicht zurückzugewinnen. Etwa: „Was denke ich gerade? Was wäre das Schlimmste, was passieren könnte? Wie hoch ist die Wahrscheinlichkeit, daß es passiert? Wodurch würde es ausgelöst? Wie kommt es, daß meine Reaktionen durch die Panik aus dem Ruder laufen?"

2) Seien Sie sich darüber im klaren: Ihr **Eindruck**, die Gefahr sei real, beruht auf einem Irrtum. Die gleichen pessimistischen Vorstellungen waren schon bei früheren Panikattacken sehr stark, ohne jemals Realität geworden zu sein.

3) Versuchen Sie immer wieder, die körperlichen Panikreaktionen durch Atmen abzubauen. Selbst wenn Sie Ihre Atmung oder Ihre körperlichen Reaktionen nicht in den Griff bekommen, ist das kein Drama. Denn die Paniksymptome sind wie gesagt ungefährlich und werden bald von selbst nachlassen.

---

| Übung 24 |

Schreiben Sie diese Hinweise auf ein Kärtchen, das Sie immer bei sich haben. Das Kärtchen dient Ihnen in Paniksituationen als Merkzettel. Es hilft Ihnen in Situationen, in denen Sie das Gefühl haben, die therapeutischen Mittel nicht mehr anwenden zu können oder sie vergessen zu haben. Sie können damit die Ereignisse objektiver betrachten und sind wieder in der Lage, Ihre Reaktionen besser zu kontrollieren und den Teufelskreis der Panikgefühle zu verlassen.

## f) Die Desensibilisierung in angstauslösenden Situationen üben

Der letzte Schritt besteht darin, selbst Panikreaktionen in Situationen auszulösen, vor denen man sonst flüchtet. Es sind Situationen, die Sie bereits in Kapitel 3 und 4 für die Konfrontationsübungen aufgelistet haben. Übernehmen Sie diese Liste aus Übung 14. Beginnen Sie mit solchen Situationen, die Ihnen inzwischen keine Angst mehr bereiten. Nach und nach wählen Sie dann auch „problematischere" Situationen aus.

Sie konfrontieren sich aber nicht nur mit ihnen, sondern versuchen auch, Panikreaktionen hervorzurufen. Zur Selbstkontrolle wenden Sie dann die Techniken an, die Sie nun schon gut beherrschen. Sie führen die früheren Konfrontierungsübungen gewissermaßen fort.

---

| Übung 25 |
| --- |

Gehen Sie genau so vor wie in Übung 22 und 23. Bei Bedarf können Sie sich diese nochmal in Erinnerung rufen. Notieren Sie Ihre Beobachtungen, um Ihre Fortschritte oder auch Schwierigkeiten festzustellen.

Es könnte sein, daß Ihnen diese Übung Angst bereitet. Denken Sie dann an folgendes: Sie neigen zu einer dramatischen Weltanschauung, so daß es Ihnen in der Situation selbst oft leichter fällt, als Sie gedacht haben. Nun los! Nur Mut! Jetzt ist Ihre Eigenständigkeit gefragt.

## Fragen zur Medikation und Wissenswertes über Psychopharmaka

Seit Anfang der sechziger Jahre kennt man sehr wirksame Medikamente für die Behandlung der Panikstörung mit Agoraphobie, insbesondere auch für die schweren Fälle. Die Notwendigkeit der Einnahme von Arzneimitteln bleibt trotzdem umstritten. Die Wechselwirkungen der Medikamente sind bis heute nicht vollkommen bekannt. Die Medikation kann zu Nebenwirkungen führen. Nach Beendigung der Medikation kann es zu einem Wiederauftreten der Angstsymptome kommen (Rebound-, Rückfall- und Entzugssymptome). Einige Personen sprechen gar nicht auf die Medikamente an (sie sind refraktär). Für andere kommen Medikamente überhaupt nicht in Frage.

Die Therapie mit Psychopharmaka ist eine medikamentöse Möglichkeit für die Behandlung der Panikstörung mit Agoraphobie. Weil einige von Ihnen vermutlich Medikamente nehmen, möchten wir Ihnen Informationen zu folgenden Punkten geben: zu der Medikation selbst, den verschiedenen Medikamenten, der erforderlichen Dosis, den Gegenanzeigen (Kontraindikationen) und den Grenzen der Medikation.

Wir werden Ihnen in diesem Kapitel Grundkenntnisse zu den genannten Aspekten vermitteln. Zunächst werden wir drei Klassen von Psychopharmaka vorstellen. Dann geht es um die Frage, ob die Medikation bei Panikstörung mit Agoraphobie sinnvoll ist oder nicht. Danach geben wir Ihnen Informationen und Hinweise für den Fall, daß Sie bereits Medikamente nehmen. Zum Schluß weisen wir darauf hin, unter welchen Umständen Medikamente hilfreich sein können.

Medikamente, die bei Panikstörung mit Agoraphobie Anwendung finden, unterteilt man in drei große Medikamentengruppen: 1. Tranquilizer, 2. Antidepressiva und 3. Betablokker.

### a) Tranquilizer (insbesondere Benzodiazepine)

Betroffene benutzen oft Tranquilizer zur Behandlung Ihrer Panikanfälle. Man weiß allerdings von Tranquilizern, daß sie körperliche oder seelische Abhängigkeit verursachen können. Es ist deshalb notwendig, ihre Wirksamkeit und Nebenwirkungen kritisch zu betrachten.

Tranquilizer lassen sich nach ihrer therapeutischen Wirksamkeit einteilen. Entsprechend werden sie oft als *Sedativa* (Beruhigungsmittel), *Hypnotika* (Schlafmittel), *Anxiolytika* (angstlösende Mittel) oder *Benzodiazepine* (vielfach verwendete Substanzen) bezeichnet. Unter therapeutischer Wirksamkeit versteht man die erforderliche Dosis, um den gewünschten Therapiezweck zu erreichen. Unter diesem Gesichtspunkt lassen sich die Tranquilizer in drei Gruppen einteilen: in *schwache, mittelstarke* und *hochpotente Tranquilizer*. Schwache und mittelstarke Tranquilizer werden in der Psychiatrie bei Patienten mit leichter Angst vor bestimmten Situationen oder mit einer generalisierten Angststörung (länger andauernd) eingesetzt. Bei Panikattacken sind hochpotente Tranquilizer sehr gut geeignet.

Der Nutzen der Tranquilizer im Kampf gegen Angst läßt sich nicht bestreiten. Dennoch muß man die richtige Anwendung und die Grenzen dieser Medikamente beachten – die Medikation ist immer nur eine **vorübergehende Lösung**. Denn Tranquilizer bekämpfen nicht die Ursachen der Angst. Oft werden sie einfach ohne genaue Gründe verschrieben und oft für einen viel zu langen Zeitraum. Außerdem wird diese medikamentöse Behandlung nur selten mit anderen Behandlungsformen wie Psychotherapie oder Antidepressiva-Medikation verknüpft.

*Schwache und mittelstarke Tranquilizer*
Diese Tranquilizer werden mit Abstand am häufigsten gegen Angst- und Panikanfälle verschrieben. Die verschiedenen Untergruppen und Handelsnamen sind so zahlreich, daß wir sie hier gar nicht alle aufzählen können. Die zwei gebräuchlichsten Tranquilizer sind die Benzodiazepine *Diazepam* (*Valium*) und *Chlordiazepoxid* (*Librium*).

Die beiden Medikamente dienen der kurzfristigen Linderung von Angstzuständen, zeigen aber generell keine gute Wirkung gegen Panikanfälle, außer in sehr hohen Dosen, die

Ihr Arzt sicherlich nicht gerne verschreibt. Zur Unterdrük-
kung von Panikattacken könnten Sie 30 mg oder mehr Diazepam benötigen. Bei dieser Dosierung ist die Gefahr groß, daß
Sie müde werden. Deshalb werden solche Tranquilizer von er-
fahrenen Allgemeinmedizinern oder Psychiatern nur sehr selten bei Panikattacken verschrieben. Wenn Sie mit den Tranquilizern nicht vorsichtig umgehen, riskieren Sie eine
psychische und physische Abhängigkeit. Die schwachen und
mittelstarken Tranquilizer sind nur zur kurzzeitigen Behandlung von Angstanfällen sinnvoll.

## Hochpotente Tranquilizer

Eine der interessantesten Entwicklungen in der jüngeren
Pharmakotherapie war die Entdeckung der hochpotenten
Tranquilizer. Sie scheinen die Häufigkeit von Panikattacken
zu verringern, wenigstens für kurze Zeit. Zwei neue Benzodiazepine werden zur Zeit für die Behandlung von Panikstörungen verwendet: *Alprazolam* (*Tafil*) und *Clonazepam* (*Rivo-
tril*). Bei akuten Panikanfällen wird das Benzodiazepin
*Lorazepam* (*Tavor*) (Dosis: 2 mg) verwendet.

Alprazolam wirkt angstlösend (anxiolytisch). Die Dosis beträgt 2- bis 4mal 0,25–0,5 mg, maximal 4 mg täglich. Sowohl
Alprazolam wie Clonazepam unterdrücken die Erwartungs-
angst vor Panikattacken bzw. vor Angstsituationen.

Nach achtwöchiger Medikation mit Alprazolam hatten
60 Prozent einer großen Gruppe keine Panikattacken mehr.
Auf den ersten Blick scheint das ein sehr gutes Resultat zu
sein. Bei näherem Hinsehen wird aber deutlich: Es kommt zu
einer schnellen Abhängigkeit von diesem Medikament, die
zum Problem wird. Für die meisten Betroffenen ist es sehr
schwierig, mit der Alprazolam-Einnahme aufzuhören, nachdem sie einmal damit begonnen haben. Außerdem besteht
eine gewisse Gefahr der Überdosierung durch falsche Anwendung bzw. durch Mißbrauch des Medikaments. Das hängt damit zusammen, daß zwischen dem Einnehmen bzw. nach

dem Absetzen von Alprazolam kurzfristig oder längerfristig wieder Angstsymptome auftauchen, und zwar rascher und stärker als vor der Medikation (sogenannte Rückfall- und Rebound-Reaktionen). Gleichzeitig kommt es zu Entzugserscheinungen, also zu unerwünschten Körperreaktionen, wenn die Dosis reduziert oder das Arzneimittel abgesetzt wird: Reizbarkeit (Irritabilität), Herzrasen (Tachykardie), Schwitzen, Kopfschmerzen, Schlafstörungen, Übelkeit, Erbrechen, Zittern, Stimmstörung (Dysphonie, z. B. Heiserkeit), Muskelverspannungen, Krampfanfälle, Verwirrtheitszustände (Depersonalisations- und Derealisationsphänomene). Diese Probleme können durch Rückfall- und Rebound-Reaktionen, durch andere Abstinenzreaktionen oder (wahrscheinlich) durch beide zugleich hervorgerufen werden. Diese Komplikationen sind sehr unerfreulich und betreffen etwa 30 Prozent der Patienten, die dadurch noch stärkere Angst- und Panikgefühle erleben als vor der medikamentösen Behandlung. Aus den gleichen Gründen kommt es bei fast allen Betroffenen zu einem Rückfall, wenn Alprazolam nicht mehr eingenommen wird, vor allem wenn es zu schnell abgesetzt wird: Die Paniksymptome treten wieder auf, und die Betroffenen verhalten sich wieder wie vor der Behandlung.

Insgesamt kann man festhalten: Tranquilizer dürfen nur in geringen Dosen, bei entsprechender Indikation (Diagnose), in Abständen, für kurze Zeit und unter strenger ärztlicher Kontrolle angewandt werden. Sie sollten in Kombination mit Antidepressiva auf jeden Fall nur für kurze Zeit eingenommen werden, damit sich die antidepressive Wirkung überhaupt entfalten kann. Zugleich kann mit dem Tranquilizer einer anfänglichen Steigerung der Angst entgegengewirkt werden, die möglicherweise durch das Antidepressivum ausgelöst wird.

## b) Antidepressiva

Es gibt zwei Klassen von Antidepressiva, die bei Angst- und Panikanfällen wirksam sind. Die erste Unterklasse bilden die *tricyclischen Antidepressiva*, z. B. *Imipramin (Tofranil)* oder *Amitriptylin (Saroten)*, und die **selektiven Serotonin-Wiederaufnahmenehmer**, z. B. *Fluoxetin (Fluctin)*. Imipramin wird am häufigsten als Antidepressivum gegen Angst- und Panikanfälle verschrieben. Die zweite Unterklasse bilden die **Monoaminooxydase-Hemmer** *(MAOH)*. Einer der bekanntesten nichtselektiven MAO-Inhibitoren ist *Tranylcypromin (Parnate* bzw. *Jatrosom N)*.

Die genannten Medikamente hemmen Panikattacken und vermindern das Vermeidungsverhalten gleichermaßen, insbesondere in Kombination mit von uns vorgestellten Psychotherapien. Es gibt eine Hauptschwierigkeit bei der Medikation mit Antidepressiva: Während der ersten zwei bis drei Wochen kommt es zu unerwünschten Nebenwirkungen, die den Angst- und Panikgefühlen gleichen. Deshalb kommt es immer wieder vor, daß Betroffene die Medikamente nicht weiter einnehmen wollen oder zumindest keine therapeutisch notwendige Steigerung der Dosis zulassen wollen.

Die Forschung hat gezeigt, daß diese Antidepressiva in ausreichend großen Dosen eingenommen werden müssen, damit die therapeutischen Ziele voll erreicht werden können. Beispielsweise werden die meisten Menschen mindestens 150 mg Imipramin täglich nehmen müssen, um den maximalen therapeutischen Effekt zu erzielen. Natürlich kann diese Dosierung ein wenig variieren, je nach Patient und Einschätzung des Arztes. Nach Möglichkeit sollten Sie während der ersten Wochen die Einnahme des Medikaments aushalten, bis die therapeutisch erforderliche Dosis erreicht ist. Manchmal reichen kleine Mengen Imipramin (25 bis 50 mg pro Tag) aus, um die Panikattacken zu beherrschen. Öfter jedoch ist eine Dosierung von 150 bis 200 mg pro Tag notwendig. Selten werden die Panikattacken schon nach drei bis vier Tagen weniger, meistens wirken die Antidepressiva erst nach drei bis sechs Wochen.

MAO-Hemmer werden bei der Behandlung von Panikattakken weniger eingesetzt, weil man dann eine strenge Diät halten muß. Man darf keine tyraminhaltigen Nahrungsmittel (z.B. Käse oder Schokolade) essen und keinen Rotwein trinken. Wenn diese Bedingungen nicht eingehalten werden, kann es zu Symptomen kommen, die von starken Kopfschmerzen bis zu Blutdruckkrisen reichen – sie können sogar zum Tod führen. Wenn Sie genügend Disziplin für eine solche Diät aufbringen können, werden Sie anfänglich („einschleichend") 5 mg, später bis 20 mg, nur in Ausnahmefällen bis 60 mg Tranylcypromin einnehmen, damit die volle therapeutische Wirkung erzielt wird.

**Es ist viel einfacher, tricyclische Antidepressiva abzusetzen als Tranquilizer (egal, ob hochdosierte oder nicht).** Die Rückfallquoten sind bei den tricyclischen Antidepressiva viel niedriger, nämlich ungefähr 30 Prozent. Immer mehr Forschungsergebnisse zeigen, daß Antidepressiva in Kombination mit psychotherapeutischen Programmen wirkungsvoller sind.

### c) Betablocker

Betablocker (*Beta-Rezeptorenblocker*) werden zur Blutdrucksenkung oder zur Regulierung der Herzfrequenz genommen. Diese Psychopharmaka wirken auf die sogenannten Beta-Rezeptoren. Grundsätzlich sind Rezeptoren spezielle Aufnahmeeinrichtungen des Organismus für bestimmte Reize. Betablocker werden oft zur psychischen Dämpfung eingesetzt, d.h. wenn jemand aus medizinischen Gründen in seiner (psychomotorischen) Aktivität gebremst werden soll. Es gibt sehr viele Betablocker, von denen *Propanolol* (*Dociton*) einer der bekanntesten ist.

Betablocker wirken gegen Angst- und Panikanfälle. Sie

kommen vor allem bei körperlichen Symptomen und insbesondere bei der Herzphobie (Angst vor einem Herzinfarkt) zum Einsatz.

Zusammenfassend läßt sich sagen, daß Psychopharmaka jene unangenehmen Körperreaktionen vermindern können, die als schlimm oder bedrohlich erlebt werden. Die am häufigsten gebrauchten Psychopharmaka sind die tricyclischen Antidepressiva (insbesondere Imipramin) und die hochpotenten Benzodiazepine in Kurzzeiteinsatz. Um wirklich therapeutisch erfolgreich zu sein, müssen Psychopharmaka meistens mit einer psychotherapeutischen Behandlung verbunden werden.

Es gibt mit Sicherheit Grenzen für die Therapie mit Psychopharmaka. Denn jedes Medikament ist giftig – auf die Dosierung kommt es an. Einige Patienten haben große Angst, Medikamente einzunehmen. So belegen wissenschaftliche Studien, daß durchschnittlich 20 Prozent der Agoraphobiker zu keiner medikamentösen Behandlung bereit sind. Zu Beginn der Therapie können tricyclische und andere Antidepressiva zahlreiche Nebenwirkungen auslösen, z.B. körperliche Unruhe (Agitiertheit), Schlafstörungen, Sehstörungen, Reizbarkeit, Herzrasen (Tachykardie) und Verstopfung (Obstipation). Die MAO-Hemmer können hochtoxisch sein und erfordern eine tyraminfreie Diät, weil sie andernfalls vor allem Blutdruckkrisen verursachen können. Die Wirkung von Antidepressiva kann erst nach 4 bis 12 Wochen oder sogar noch später eintreten. Deshalb brechen etwa 20 bis 40 Prozent der Patienten die Behandlung mit Imipramin oder MAO-Inhibitoren ab.

Tranquilizer wirken schneller als Antidepressiva, aber sie verursachen auch schneller Nebenwirkungen wie Benommenheit, gestörte Bewegungsabläufe (Ataxie), Müdigkeit, Sprachstörungen und Schläfrigkeit. Trotzdem bewirken Tranquilizer weniger störende Symptome und werden weniger abgesetzt als Antidepressiva.

Die größte Schwäche der Behandlung mit Psychopharmaka ist die hohe Rückfallquote beim Absetzen: Die bis dahin abgewehrten Angst- und Panikgefühle tauchen wieder auf, wenn die Medikamente in niedrigeren Dosen oder gar nicht mehr eingenommen werden. Bei Imipramin beträgt die Quote zwischen 20 und 50 Prozent, bei den MAO-Hemmern sogar bis zu 90 Prozent. Im Falle der Tranquilizer kann man sehr hohe Rückfallraten (60 bis 90 Prozent), Rebound-Phänomene (kurzzeitig auftretende Beschwerden, die stärker als vorher sind) und körperliche wie seelische Entzugserscheinungen beobachten.

Unsere Schlußfolgerung daraus lautet: Die Behandlung mit Psychopharmaka bietet kurzfristig interessante Resultate, aber längerfristig büßt sie viele Vorteile wieder ein. Immer mehr klinische Studien beweisen: Verhaltenstherapeutische und kognitive Maßnahmen, wie wir sie Ihnen in diesem Buch vorstellen, bringen längerfristig bessere Ergebnisse als Betablocker, schwache oder hochpotente Tranquilizer und Antidepressiva ohne Kombination mit einer Psychotherapie.

### d) Wenn Sie keine Medikamente nehmen

Nehmen wir einmal an, Sie nehmen überhaupt keine Medikamente. Dann werden die meisten von Ihnen trotzdem mit Hilfe der von uns vorgestellten psychologischen Methoden die Panikstörung mit Agoraphobie sehr gut behandeln können, ob in Begleitung eines Therapeuten oder nicht. Die Erfolgsquote liegt bei 80 bis 90 Prozent. Die Einnahme eines Medikaments verzögert oft nur die eigentliche Auseinandersetzung mit den Angst- und Panikgefühlen. Medikamente werden genommen, um Probleme zu lösen, ohne nach deren Ursachen und Umständen zu fragen. Das ist dann genau so, als würden Sie Aspirin nehmen, um das Fieber zu senken, ohne die eigentliche Ursache, nämlich die Infektion zu bekämpfen.

Es geht darum, den Mechanismus zu durchbrechen, durch den Ihre Panik aufrechterhalten wird. Nur so können Sie sich von Ihrer Angst lösen, das Vermeidungsverhalten reduzieren und Ihre falsche innere Einstellung positiv verändern. Um mit den problematischen Situationen und Stimmungen konstruktiv umzugehen, kann man bestimmte Fertigkeiten lernen. Die Einnahme von solchen Medikamenten birgt außerdem das Risiko, körperlich und psychisch abhängig zu werden. Das wäre um so schlimmer, weil es ja darum geht, unabhängiger zu werden. Trotz unserer Bedenken erweisen sich Medikamente jedoch in manchen Fällen als notwendig. Darauf werden wir später kurz eingehen.

### e) Wenn Sie bereits Medikamente nehmen

Sie gehören zu den Menschen, die an Angst- und Panikanfällen leiden. Deshalb waren Sie wahrscheinlich schon bei Ihrem Hausarzt und haben einen Tranquilizer oder ein Antidepressivum gegen die Panikattacken verordnet bekommen. Vielleicht nehmen Sie dieses Medikament regelmäßig oder nur bei Bedarf, beispielsweise wenn Sie sich besonders ängstlich fühlen.

Andere Betroffene haben nie solche Medikamente genommen. Wieder andere würden lieber keine Psychopharmaka nehmen, tun es aber auf Anraten Ihres Arztes. Doch es gibt auch Betroffene, die Medikamente wegen der Angst- und Panikanfälle (und aus anderen Gründen) einnehmen möchten. Manche erleben ihre Angst- und Panikgefühle dermaßen belastend und intensiv, daß sie glauben, sie können sie keinen Tag länger mehr ertragen – sie erhoffen sich von den Medikamenten die schnellstmögliche Erleichterung.

Unter den Psychopharmaka brauchen die Antidepressiva längste Zeit, bis sie wirken, nämlich bis zu drei Wochen. Tranquilizer hingegen entfalten ihre Wirkung sofort. Zweifellos wirken beide Psychopharmaka schneller als unsere Methoden, es sei denn, man kann dafür sehr viel Zeit aufwenden und die vorgeschlagenen Übungen sehr schnell zu Ende bringen. Man darf natürlich nicht vergessen, daß manche einfach nicht die Zeit finden können, sich intensiv mit den Informationen aus diesem Buch auseinanderzusetzen. Wiederum andere sind der festen Überzeugung, die Medikation sei die beste Behandlung für ihre Angst.

Auf jeden Fall nehmen fast 60 Prozent der Personen, die sich klinisch behandeln lassen, Medikamente gegen ihre Panikanfälle. Dennoch weisen viele, die uns konsultieren und Medikamente nehmen, Angst- und Paniksymptome auf. Andere Phobiker haben vom Hausarzt zunächst ein Rezept bekommen, damit sie noch zwei bis drei Wochen durchhalten. Danach werden sie an unsere Klinik verwiesen, um dort eine umfassende und adäquate Therapie zu erhalten.

Wir empfehlen den Betroffenen nicht, mit der Medikation aufzuhören, wenn sie mit unserem Programm beginnen bzw. sie sich bereits in Therapie befinden. Auch ohne unsere ermutigenden Hinweise setzen immer wieder einige während der Therapie von selbst ihre Medikamente ab. Ungefähr die Hälfte derjenigen, die das Programm bis zum Schluß durchlaufen, hören vor dem Therapieende von sich aus mit den Medikamenten auf (in der Regel im Einvernehmen mit dem behandelnden Arzt). Andere wiederum setzen die Medikamente irgendwann im ersten Jahr nach unserer Behandlung ab. Weiter unten beschreiben wir die Methoden, die Ihnen helfen können, auf eigenen Wunsch mit der Medikation aufzuhören.

Bestimmte Psychopharmaka können in entsprechender Dosierung manche Menschen zumindest kurzzeitig von den Panikattacken entlasten. Mehrere dieser Psychopharmaka machen auf lange Sicht therapeutisch keinen Sinn. Wenn Sie diese Medikamente über eine lange Zeit einnehmen, können sie einen Teil ihrer Wirksamkeit einbüßen, solange Sie keine anderen Methoden zur Angstbewältigung benutzen.

Einige Betroffene beginnen mit einer medikamentösen Behandlung und hören Monate später wieder damit auf, ohne auch nur das Bedürfnis nach einer psychologischen Behandlung verspürt zu haben. Die Gründe dafür sind vielfältig: Bestimmte Streßsituationen können den Ausschlag gegeben haben, sie können sich in neurologischer Hinsicht verändert haben oder sie verhalten sich gegenüber ihren Angst- und Panikanfällen anders. Folglich halten solche Personen die Psychopharmaka für die einzige angebrachte Therapie.

### f) Welchen Personen können Medikamente helfen?

Agoraphobiker mit mehrmaligen, plötzlichen und starken Panikattacken scheinen die besten Kandidaten für eine kombinierte medikamentöse und psychologische Behandlung zu sein. Agoraphobiker ohne spontane Panikattacken können meistens ohne Medikamente behandelt werden. Depressiv veranlagte Menschen scheinen gut auf Medikamente anzusprechen. Diese können ihre Stimmung aufhellen, so daß sie die Therapie besser durchhalten können.

Vielleicht fühlen Sie sich durch die bevorstehende Auseinandersetzung mit Ihrem Problem dermaßen verängstigt, daß Sie völlig resignieren. Sie weigern sich, auch nur den kleinsten Schritt zu machen. Dann könnten Medikamente trotz ihrer Nachteile eine Lösung sein, zumindest am Anfang. Auf jeden Fall ist es besser, bestimmte Nebenwirkungen in Kauf zu nehmen, als ganz auf eine Therapie zu verzichten.

### g) Wann mit der Medikation aufhören?

Sie haben jetzt die in diesem Ratgeber vorgestellten Techniken kennengelernt und alle Übungen ausprobiert. Falls Sie vorhaben, Ihre Medikamente abzusetzen, können Sie nun damit beginnen. Vielleicht haben Sie es bereits getan. Wenn nicht, sollten Sie die medikamentöse Behandlung mit Hilfe Ihres Arztes beenden. Nur ein Arzt kann entscheiden, wie Sie die Dosis langsam reduzieren und dann völlig einstellen. Das gilt besonders für solche Psychopharmaka wie Alprazolam, das nur sehr schwierig abzusetzen ist. Mit Hilfe der gewonnenen Erfahrungen werden Sie die Medikamente leichter absetzen können. Dabei sollten Sie folgende praktischen Ratschläge beachten:

1. Beenden Sie die Einnahme der Psychopharmaka **langsam**. Setzen Sie sie nicht abrupt ab. Ihr Arzt kann Ihnen die besten Ratschläge für die Beendigung der Medikation geben.

2. Setzen Sie sich eine Frist, bis wann Sie die Medikamente absetzen möchten. Beziehen Sie Ihren Arzt mit ein, damit die ausgewählte Frist auch angemessen ist. Denn dieser Termin sollte nicht zu weit weg liegen, sonst verlieren Sie Ihre Motivation. Grundsätzlich gilt: Je früher Sie absetzen, desto besser für Sie. Voraussetzung dafür ist ein sinnvoller Zeitplan, den Sie mit Ihrem Arzt absprechen.

3. Sie möchten die medikamentöse Behandlung einschränken bzw. ganz einstellen. Benutzen Sie die Techniken und Fertigkeiten, die Sie durch diesen Ratgeber erlernt haben.

Wir haben dieses Thema nicht früher angesprochen, weil wir davon ausgehen, daß Sie zuerst Ihre Angst- und Panikattacken im Griff haben sollten, bevor Sie mit der Einnahme von Medikamenten aufhören. Wichtige Ergebnisse wissenschaftlicher Studien bestätigen unsere Einschätzung. Das Absetzen der Psychopharmaka ruft nämlich noch stärkere Angst- und Panikreaktionen hervor als vor der Behandlung.

Wenn Sie gegenwärtig keine Medikamente einnehmen, dürften Sie alle Angst- und Paniksymptome im Griff haben. Wenn Sie aber noch Medikamente brauchen, dann helfen Ihnen die hier erlernten Methoden, mit möglicherweise erneut auftretenden Angst- und Paniksymptomen umzugehen. Die meisten werden damit keine Probleme haben. Wenn Sie Ihre Medikamente schrittweise absetzen, können Sie sich konstruktiv mit Ihrer Panik auseinandersetzen. Viele von Ihnen werden keine neuen Panikattacken mehr erleben, nachdem

Sie die Psychopharmaka abgesetzt haben. Aus welchem Grund auch immer kann es leider vorkommen, daß die Angst- und Paniksymptome nach Absetzen der Medikamente wieder auftreten, insbesondere wenn Sie Benzodiazepine genommen haben. Solche Nachwirkungen sind völlig normal und dauern höchstens eine oder zwei Wochen. Bis dahin wird durch den Stoffwechsel die Wirkung der Medikamente auf Ihren Körper vollkommen abgebaut. Erinnern Sie sich daran, daß Sie über die entsprechenden Techniken verfügen, um diese Angstzustände in den Griff zu bekommen und sie schließlich ganz zu überwinden.

Das Absetzen der Medikamente können Sie als Ihre letzte Übung betrachten. Sie können wieder die Strategien zur Angstbewältigung anwenden. Sie setzen nun konstruktiv die erlernten Methoden um. Sie gestalten Ihre negative Weltsicht zum Positiven um und konfrontieren sich erfolgreich mit den angstauslösenden Reizen. In der Absetzungssphase, in der Sie unter Symptomen leiden, helfen Ihnen insbesondere die Technik des richtigen Atmens und die kognitive Therapie, nämlich die Ablenkung, die Einstellungsänderung und die positive Selbstmotivation.

Begreifen Sie das Absetzen der Psychopharmaka als hervorragende Gelegenheit, Ihre Gefühle endgültig in den Griff zu bekommen. Sie werden dann alle Panikgefühle meistern können.

Schauen Sie sich Julias Beispiel an: Julia nimmt ein Medikament und möchte es absetzen. Sie nimmt sich eine bestimmte Woche vor, um dann mit Ihrem Arzt den besten Weg für die Entwöhnung zu erarbeiten. Sie folgt einem speziell für sie entworfenen Zeitplan und nimmt nach und nach immer weniger Arznei ein, bis sie gar keine mehr braucht. In ihrem Therapieplan sind auch die Abstinenzsymptome berücksichtigt, die infolge der Verringerung bzw. Beendigung der Medikation auftreten. Sie nutzt die verschiedenen hier vorgestellten verhaltensorientierten und kognitiven Techniken.

154

Auch Sie können einen vergleichbaren Zeitplan aufstellen, der Ihnen Schritt für Schritt hilft, mit der neuen Situation zurechtzukommen.

## Was tun, wenn es für Sie schwierig wird?

Die Selbsttherapie bei Panikattacken und Agoraphobie ist etwas ganz Besonderes. Dieser Ratgeber hilft Ihnen, Selbständigkeit und Selbstvertrauen zurückzugewinnen. Trotzdem: Auch in den größten Erfolgen gibt es Fallstricke, die man nicht immer vermeiden kann.

Was tun, wenn Sie einmal den Mut verlieren und alles hinschmeißen möchten? – Bitte geben Sie gerade dann nicht auf! Versuchen Sie, eine kleine Verschnaufpause einzulegen und sich Ihre bisherigen Erfolge vor Augen zu führen. Lesen Sie Ihr Logbuch von Anfang an durch. Wo sind Sie gestartet? Und wo stehen Sie jetzt?

Ihre augenblicklichen Schwierigkeiten könnten damit zusammenhängen, daß Sie zu schnell vorgegangen sind. Geben Sie sich die Chance, Ihrem eigenen Rhythmus zu folgen. Es könnte auch sein, daß Ihre nähere Umgebung Sie nicht genügend unterstützt. Nehmen Sie sich die Zeit, um sich mit Ihren Angehörigen zusammenzusetzen. Erklären Sie Ihnen, daß Sie ihre Unterstützung brauchen. Wenn Ihre Umgebung darauf nicht anspricht, lernen Sie, sich selbst Anerkennung zu zollen. Für kleine Erfolge können Sie sich selbst belohnen, z.B. indem Sie sich eine Leckerei gönnen.

Wie bei allen Menschen schwanken Ihre Gefühle von Tag zu Tag. Lassen Sie nicht zu, daß ein schlechter Tag Ihre ganze Selbsttherapie in Gefahr bringt. Einige können bei den Übungen durch eine sehr schlimme Panikattacke aus der Bahn geworfen werden, insbesondere wenn sie aus der Angstsituation weggelaufen sind und nicht auf das Abflauen ihrer Furcht warten konnten. Sollte Ihnen das widerfahren und Sie das Gefühl haben, Sie stünden wieder ganz am Anfang, dann können wir Ihnen nur eines raten: Geben Sie nicht auf! Wiederholen Sie die problematische Übung so bald wie möglich. Legen Sie Zwischenschritte ein, wenn Ihnen die Übungssituation zu schwer war. Sie werden merken, daß Sie verlorenes Terrain ganz schnell wieder gutmachen können.

Sie können diese schwierige Phase auch dazu nutzen, Ihre kurz-, mittel- und langfristigen Ziele (siehe Kapitel 3, Übung 12) nochmals zu vergegenwärtigen. Wollen Sie wirklich wegen einer vorübergehenden Krise alle Ihre Ziele aufgeben? Je mehr Sie Ihren Schwierigkeiten mit Gelassenheit und Ausdauer begegnen, desto größer sind Ihre Erfolgsaussichten. Und noch ein Tip: Mit ein wenig Humor lassen sich Probleme besser entschärfen und leichter meistern. Die Lösungen ergeben sich oft von selbst.

## Zusammenfassung

Der Verlust der Selbstkontrolle ist sicherlich eines der größten Probleme. In diesem Kapitel haben wir Ihnen Strategien zur positiven Veränderung Ihrer Gefühls- und Vorstellungswelt gezeigt. Es ging vor allem darum, die Selbstsicherheit zurückzugewinnen. Ihre Vorstellungswelt ist nicht unveränderbar, sondern umfaßt Gedanken, Ideen und Bilder, die Sie selbst beeinflussen können. Durch die Methoden der Ablenkung, der Einstellungsänderung und der Selbstmotivation haben Sie gelernt, Ihren inneren Monolog positiv zu beeinflussen.

Mit der richtigen Atemtechnik können Sie die Häufigkeit und Intensität Ihrer Angst- und Panikgefühle verringern. In die gleiche Richtung zielt die Methode der Desensibilisierung. Zum Abschluß dieses zentralen Kapitels haben wir Ihnen kurz unsere Einstellung zu Psychopharmaka beschrieben:

Wenn Sie bereits Medikamente nehmen, müssen Sie dies mit in Ihren Therapieplan einbeziehen, aber wenn Sie keine nehmen, dann können Sie Ihre Selbsttherapie auch weiterhin ohne Psychopharmaka durchführen.

# 6. Die Stabilisierung der neuen Lebenseinstellung

## Eine neue Lebenseinstellung

Sie haben die Behandlungstechniken aus dem letzten Kapitel erfolgreich angewandt. Sie haben sich vermutlich meilenweit von dem Ausgangspunkt entfernt, an dem Sie so gelitten haben. Sie haben einen Großteil Ihrer Selbständigkeit zurückgewonnen. Sie beherrschen Ihre Panikattacken und betrachten sie nicht mehr als gefährlich. Das Gefühl permanenter Bedrohung läßt allmählich nach. Ihr Alltag ist nicht länger von der Angst vor der Angst bestimmt. Ihre therapeutische Arbeit an den begünstigenden Faktoren Ihrer Panikstörung trägt nun Früchte – kurz: Sie haben Ihr Leben wieder im Griff.

Jetzt geht es darum, sich nochmals mit den Prädispositionen und auslösenden Faktoren Ihrer Panik und Agoraphobie auseinanderzusetzen. Diese tragen zwar nicht mehr direkt dazu bei, Ihre Ängste lebendig zu halten. Doch sie sind im Auge zu behalten, um Rückfällen vorzubeugen und die neue Lebenseinstellung zu stabilisieren. In diesem Kapitel finden Sie verschiedene Methoden, mit denen Sie Ihr Allgemeinbefinden verbessern und mögliche Rückschläge verhindern können. Diese Techniken beziehen sich auf unterschiedliche Aspekte des Wohlbefindens. Wir stellen Ihnen die grundlegenden Strategien vor und zeigen Ihnen, wie Sie selbst Ihren Gesundheitszustand beeinflussen können.

Zunächst wird es um **verschiedene Entspannungstechniken gehen. Dann zeigen wir, wie man sein Selbstvertrauen festigen kann, indem man Probleme löst, mit anderen kommuniziert, sich selbst annimmt, Entscheidungen trifft und auch einmal ein Risiko eingeht.** Diese Methoden wirken vor allem bei Menschen gut, die ständig von starken Ängsten geplagt werden, zu Passivität und Unselbständigkeit neigen oder überbehütet aufgewachsen sind. Selbständigkeit, Selbstvertrauen und Selbstachtung werden dadurch gefördert. Nicht zuletzt wird die Gefahr eines Rückfalls verringert.

Danach werden wir zeigen, wie **Ihre Angehörigen** die Therapie unterstützen können. Dann gehen wir auf Schwierigkeiten ein, die während der Behandlung auftreten können. Wir zeigen Ihnen, wie wichtig es für eine erfolgreiche Angstbewältigung ist, die Panikstörung mit Agoraphobie als Ganzes zu betrachten. Zum Schluß stellen wir Ihnen die Möglichkeiten von Selbsthilfegruppen vor.

## Sich entspannen lernen

Die natürliche Sensibilität kann für eine Veranlagung zur Panikstörung mit Agoraphobie mit verantwortlich sein. Die progressive Muskelentspannung nach Jacobson schafft die Sensibilität nicht ab, wirkt aber positiv auf Angstzustände. Regelmäßiges Üben hilft, die Übersensibilität zu regulieren. Insbesondere für sehr sensible und ängstliche Menschen ist diese Technik geeignet, weil sie damit weniger anfällig für Panikattacken werden. Wenn Sie ständig unter starkem Streß stehen, dann braucht es nicht viel, um eine Panikattacke auszulösen. Sind Sie aber nur leicht gestreßt, dann dauert es länger, bis Ihr Körper mittels panischer Reaktionen Alarm schlägt.

### a) Die progressive Muskelentspannung (nach Jacobson)

Jedem Menschen gelingt es, sich bis zu einem gewissen Grad zu entspannen. Dieses Training sollten Sie täglich ungefähr 20 Minuten lang durchführen, am besten über einen Zeitraum von drei Monaten. Wenn Sie einen Monat lang jeden Tag zweimal üben, um so besser. Sie können zwischen aktiven und passiven Entspannungstechniken wählen. Wichtig dabei ist, daß Sie die Anleitungen beachten. Sie können sich eine Entspannungskassette zulegen oder auch selbst die Anweisungen auf Band sprechen oder von jemand anderem sprechen lassen. Das hilft, sich die Technik richtig anzueignen und während der Übungen nicht so leicht die Konzentration zu verlieren.

Im Entspannungstraining läuft ein regelrechter Lernprozeß ab. Daher wird es einige Sitzungen dauern, bis Sie eine Veränderung spüren. Es völlig normal, sich in bestimmten Körperbereichen nur schwer lockern zu können. Wenn Sie das Entspannungstraining durchhalten, werden sich Ihre Verspannungen nach und nach verringern.

Unter den vielen Entspannungsmethoden haben wir die Jacobson-Technik ausgewählt. Sie bietet im Vergleich mit anderen Techniken viele Vorteile. Verschiedene Studien haben eindeutig nachgewiesen, daß mit der Jacobson-Technik die Spannung sowohl in der Muskulatur als auch im vegetativen Nervensystem abnimmt. Sie führt dazu, daß Sie einen „Muskelsinn" entwickeln: Sie können dann Zustände der An- und Entspannung schnell erkennen und zwischen beiden Zuständen wechseln. Nach einer gewissen Zeit können Sie sich in allen Alltagssituationen entspannen: bei der Arbeit, zu Hause, in der U-Bahn, im Bus, im Auto. Darin liegt der Hauptvorteil dieser Technik gegenüber allen anderen Entspannungsmethoden, die speziellere Übungen erfordern.

Bei der aktiven Entspannung nach der Jacobson-Methode spannen Sie ganz bestimmte Muskelgruppen an. Dann lassen Sie die Spannung wieder absinken. Die Jacobson-Technik beruht auf diesem Wechsel von Anspannung und Entspannung. Konzentrieren Sie sich dabei auf den jeweiligen Zustand ihrer Muskeln, damit Sie An- und Entspannung auseinanderhalten können.

Vielleicht spüren Sie nach einiger Zeit Ihren Muskeltonus schon ohne Anspannen der Muskeln. Im Laufe der Übungen

160

können die meisten Menschen Ihre (Ver-)Spannungen abbauen, indem sie sich einfach auf die angenehmen Gefühle
der Entspannung einlassen.

Wir zeigen Ihnen nun die Muskelgruppen, die entsprechenden Muskelbewegungen zur Anspannung und Entspannung
sowie die Abfolge dieser Bewegungen. In der Tabelle finden
Sie alles, was Sie zum Üben brauchen.

**Muskelgruppen und die entsprechenden Kontraktionen**

| Muskelgruppe | Entsprechende Kontraktionen |
| --- | --- |
| 1. Linke Hand | Schließen Sie die Hand und beugen Sie sie Richtung Unterarm. |
| 2. Linker Arm | Beugen Sie den Unterarm zum Oberarm, bis die Hand die Schulter berührt. |
| 3. Rechte Hand | Die gleiche Bewegung wie mit der linken Hand. |
| 4. Rechter Arm | Die gleiche Bewegung wie mit dem linken Arm. |
| 5. Stirn | Runzeln Sie die Stirn, indem Sie die Augenbrauen heben. |
| 6. Augen und Augenlider | Schließen Sie so fest wie möglich die Augen. |
| 7. Mund und Kiefer | Beginnen Sie übertrieben zu grinsen; dann öffnen Sie ganz weit den Mund, um einen Druck zu erzeugen, als ob unter dem Kiefer ein Widerstand wäre. |
| 8. Zunge | Heben Sie die Zungenspitze zum vorderen Gaumen, also dorthin, wo die Vorderzähne an den Gaumen kommen; drücken Sie dann die Zunge dagegen. |
| 9. Hals | Senken Sie den Kopf nach vorne, und ziehen Sie das Kinn an den Hals. |

| | |
|---|---|
| 10. Schultern | Ziehen Sie die Schultern so nach hinten, als wenn Sie die Schulterblätter zusammenbringen wollten; drücken Sie gleichzeitig mit den Ellbogen nach unten, und ziehen Sie die Schultern so weit wie möglich nach unten. |
| 11. Brustkorb und Unterbauch | Atmen Sie ein und ziehen dabei den Brustkorb ein; dann atmen Sie aus und atmen normal weiter. Danach gehen Sie umgekehrt vor: Schieben Sie den Brustkorb nach oben; dann atmen Sie aus und wieder normal weiter. |
| 12. Linker Oberschenkel | Heben Sie leicht das Bein an. |
| 13. Wade und Fuß links | Heben Sie ein wenig die Zehen und strecken Sie den Fuß nach vorne; dann weisen Sie mit dem Fuß in Richtung Gesicht. |
| 14. Rechter Oberschenkel | Die gleiche Bewegung wie mit dem linken Oberschenkel. |
| 15. Wade und Fuß rechts | Die gleiche Bewegung wie mit der linken Wade und dem linken Fuß. |

Nun können Sie mit Ihren Übungen beginnen. Gehen Sie dabei wie folgt vor:

1. Um sich zu entspannen, wählen Sie einen ruhigen Ort, an dem es möglichst wenig Geräusche und Lichtquellen gibt.
2. Legen Sie sich bequem hin; dabei sollten Ihre Gliedmaßen ausgestreckt sein.
3. Spannen Sie jede Muskelgruppe für 5 bis 10 Sekunden an. Danach lassen Sie die angespannten Muskeln wieder los. Versuchen Sie, den Unterschied von Anspannung und Entspannung zu spüren. Wiederholen Sie jeden Übungsschritt einmal, bevor Sie den nächsten machen.

4. Achten Sie darauf, nur die ausgewählte Muskelgruppe anzuspannen, während die anderen Körperbereiche entspannt bleiben.
5. **Vermeiden Sie überflüssige Bewegungen.** Die Entspannung funktioniert als Loslösung von sich selbst, sie entspricht einem inneren Loslassen. Bewegen Sie sich also nur wenig. Nach der Anspannung lassen Sie alle Spannung aus Ihren Muskeln wegfließen: Lassen Sie die Muskulatur einfach los, ohne sie in eine bestimmte Lage zu bringen. Wenn Sie wirklich entspannt sind, fühlen Sie sich in keiner Stellung gestört.
6. **Zwingen Sie sich nicht zur Entspannung.** Achten Sie auf unsere Anleitung. Beobachten Sie einfach Ihre Gefühle. Eine Voraussetzung des Loslassens ist die Entspannung. Wenn Sie sich zwingen, ist ein Scheitern vorprogrammiert. Entspannung heißt inneres Loslassen und nicht Zwang.

Je öfter Sie üben, desto schneller werden Sie diese Technik beherrschen. Lassen Sie sich zu Beginn der Übungen nicht durch kleine Probleme entmutigen: Sich anfangs ablenken zu lassen oder nicht sofort erfolgreich zu sein ist normal. Konzentration und Wohlbefinden kommen nach und nach von selbst, d. h. sie entwickeln sich „progressiv".

Durch Ihr Training können Sie abschalten: Ihre Ängste werden durch die tiefe Entspannung der Muskulatur und des Nervensystems abgebaut. Sie werden sich an Körper und Seele ausgeglichener fühlen. Erinnern Sie sich an die typischen Angstsymptome: Übelkeit, Schweißausbrüche, Beinzittern oder Kopfschmerzen. Oft gehen Körperreaktionen eng mit starken Verspannungen einher. Diese unangenehmen Symptome werden dank Ihrer tiefen Entspannung verschwinden.

## b) Die passive Entspannung

Wenn Sie die progressive Muskelentspannung nach Jacobson bereits erfolgreich praktizieren, können Sie mit der passiven Entspannung beginnen. Bei dieser Methode entspannen Sie jede Muskelgruppe, ohne sie wie bei der Jacobson-Methode vorher anzuspannen.

Sie gehen folgendermaßen vor: Konzentrieren Sie sich zunächst nacheinander auf jede Muskelgruppe. Dann sagen Sie einfach mehrmals „Relax" oder „Entspanne dich" und lassen einfach Ihre Spannung los. Die Hauptvorteile der passiven Entspannung liegen auf der Hand: Sie können sie ohne weiteres in Ihrem Alltag anwenden.

Beginnen Sie damit, daß Sie Ihre alltäglichen Spannungszustände wahrnehmen. Weil Sie die Entspannung mit dem Wort „Relax" verknüpft haben, können Sie es jetzt sozusagen als Zauberwort einsetzen, um verspannte Körperbereiche zu lokkern. Allmählich werden Sie die Früchte der passiven Entspannung auch in Ihrem Alltagsleben genießen.

## c) Sich in Alltagssituationen entspannen (partielle Entspannung)

Irgendwelche Muskeln sind immer angespannt. Im Normalzustand ist der Muskeltonus gering. Eine zu große Spannung in untätigen Muskeln belastet unseren Körper unnötigerweise. Deshalb ist es sinnvoll, die Spannung in den inaktiven Körperbereichen loszulassen. Versuchen Sie, sich in regelmäßig wiederkehrenden Situationen auf diese Weise zu entspannen. Den Beispielen entsprechen verschiedene Körperhaltungen.

Prüfen Sie anhand folgender Situationen, welche Muskelgruppen angespannt und welche nicht angespannt sind. Wie sieht es mit der Spannung beim Stehen und Sitzen aus? Oder beim Sitzen am Telefon, in aufrechter Haltung beim Tragen eines schweren Gegenstandes, beim Treppabgehen, beim Geschirrspülen, beim Autofahren, in der U-Bahn usw. Lockern Sie jeweils so gut wie möglich die Muskeln, die Sie bei Ihrer Tätigkeit nicht brauchen. Praktizieren Sie diese Entspannungsübung, sooft Sie können, allerdings erst, wenn Sie die progressive Muskelentspannung beherrschen.

### d) Die Visualisierung

Nach einer bestimmten Übungszeit erreichen Sie einen Zustand tiefer Entspannung. Erinnern Sie sich immer wieder an diesen Augenblick und die damit verbundenen Gefühle. Im Laufe Ihres Trainings speichern Sie eine innere Datenbank mit Bildern der Entspannung. Dadurch können Sie jederzeit Spannungszustände verschiedener Stärke auflockern: Sie legen einfach Entspannungspausen ein und erzeugen mit Hilfe Ihrer inneren Bilder in wenigen Sekunden eine losgelöste Stimmung.

## Selbstvertrauen zurückgewinnen

Wir haben im Zusammenhang mit den Prädispositionen für Panikstörung und Agoraphobie mehrmals von der Neigung zu Passivität und Unselbständigkeit sowie von der Überbehütung gesprochen. Angenommen, auf Sie treffen diese Dispositionen zu, und Sie möchten Ihre neu gewonnene Lebenseinstellung absichern. Sie erhöhen Ihre Erfolgschancen, indem Sie weiter an diesen Punkten arbeiten. Wir stellen Ihnen drei gute Strategien vor, wie Sie Ihr Selbstvertrauen festigen und gleichzeitig unabhängiger werden können.

## a) Probleme lösen

Menschen, auf die diese Prädispositionen zutreffen, fühlen sich Problemen gegenüber oft besonders ausgeliefert. Sie werden sehr unsicher und empfinden ihre Situation als auswegslos. Deshalb verlassen sie sich auf ihre Angehörigen, die an ihrer Stelle die Probleme lösen sollen. Diese Einstellung ist dem Selbstvertrauen natürlich überhaupt nicht förderlich.

Es gehört zu den Aufgaben von uns Menschen, die eigenen Probleme selbst zu lösen. Den Menschen, denen dies schwerfällt, zeigen wir im folgenden, wie sie bei ihrer Problembewältigung systematisch vorgehen können. Natürlich wird Sie das am Anfang viel Kraft kosten, aber der Einsatz lohnt sich. Sie werden stolz auf sich sein, wenn Sie Ihre Schwierigkeiten allein meistern können.

Eine kleine Vorsichtsmaßnahme: Informieren Sie Ihre Angehörigen über Ihr Vorhaben, damit auch sie ihr Verhalten ändern können, etwa Ihnen weniger Ratschläge geben und Ihnen stärker vertrauen. Ihre Angehörigen könnten sich auch weiterhin in der Rolle des Retters wohl fühlen und deshalb sollten sie in Ihr neues Vorhaben einbezogen werden. Auch sie können so auf ihre alte Rolle verzichten und Ihnen mehr Selbständigkeit lassen.

Trennen Sie bei der Problembewältigung die einzelnen Lösungsschritte voneinander, die normalerweise unbewußt ablaufen. Wir zeigen Ihnen, wie Sie schrittweise vorgehen können.

### 1. Grenzen Sie das Problem so weit wie möglich ein

Beobachten Sie, wie einige Menschen aus Ihrer Umgebung Ihnen zu Hilfe kommen, wenn Sie vor einem Problem stehen und Angst haben. Sie werden feststellen, daß diese Personen Ihr Problem oftmals mit folgenden Fragen anpacken: „Was geht nicht? Was willst du damit sagen? Kannst du mir das mal genauer erklären, ich verstehe dein Problem nicht? Gehen wir das Ganze mal ruhiger an?" Auf einen Nenner gebracht: Ihre Bekannten versuchen, Sie zu beruhigen, damit Sie das Problem besser analysieren können.

Oft erscheinen Ihnen Probleme als unlösbar, weil sie zu allgemein oder ungenau gestellt sind – sie sind sozusagen schlecht aufbereitet. Als ersten Schritt auf dem Weg zur richtigen Lösung müssen Sie Ihr Problem eingrenzen. Haben Sie mehrere Probleme, betrachten Sie jedes für sich und bestimmen genau, woran Sie scheitern.

## 2. Besorgen Sie sich Informationen

Zum besseren Verständnis Ihrer konkreten Schwierigkeiten brauchen Sie vielleicht mehr Informationen. Informieren Sie sich bei anderen Personen, lesen Sie etwas zum Thema dazu, konsultieren Sie Experten. Oder beobachten Sie sich einmal selbst. Wir haben mehrmals darauf hingewiesen, wie wichtig die Selbstbeobachtung ist, um die eigene Person besser verstehen und einschätzen zu lernen. Probieren Sie herauszufinden, in welchem Kontext sich Ihr Problem stellt – fragen Sie sich, wann, wo, wie und mit wem es sich ereignet hat. Anders gesagt: Wodurch wurde Ihr Problem ausgelöst? Haben Sie auf diese Frage eine Antwort gefunden, gehen Sie zum nächsten Schritt über.

## 3. Untersuchen Sie alle möglichen Lösungen

Notieren Sie alle Lösungen, die Ihnen zu einem bestimmten Problem einfallen, auf einer Liste. Beurteilen Sie dabei noch nicht, wie realistisch oder sinnvoll diese Vorschläge sind. Wie beim Brainstorming lassen Sie alle Ideen ohne Einschränkung hochkommen. So haben Sie gute Chancen, gute Lösungen zu finden. Die scheinbar absurdeste Idee kann manchmal zur besten Lösung führen.

## 4. Wählen Sie eine Lösung aus

Nehmen Sie dazu Ihre Liste. Prüfen Sie die Vor- und Nachteile jeder Lösungsidee. Wählen Sie die Lösung, die Ihnen am vorteilhaftesten erscheint. Aber Vorsicht: Suchen Sie nicht nach der perfekten Lösung, die im Unterschied zu den guten Lösungen selten ist. Wie sagt ein Sprichwort: Das Bessere ist der Feind des Guten.

## 5. Handeln Sie

Überlegen Sie sich, wie Sie weiter vorgehen möchten, um die gefundene Lösung zu verwirklichen. Handeln Sie! Die besten Lösungen der Welt taugen nichts, wenn sie Theorie bleiben.

## 6. Ziehen Sie Bilanz

Sie haben Ihre Lösungsidee in die Tat umgesetzt. Beobachten Sie jetzt, was passiert: Löst sich das Problem so, wie Sie es erwartet haben? Wenn Sie nicht zufrieden sind, schauen Sie sich die einzelnen Schritte an und überlegen, was Sie bei Ihrer Problembewältigung noch verbessern könnten. Dank Ihrer bisherigen Erfahrungen werden Sie sicherlich binnen kurzem eine Lösung für Ihr Problem finden.

*Die Party von Johannes: Beispiel für eine gute Problembewältigung*

Johannes leidet an Panikattacken und Agoraphobie. Seit einigen Tagen lebt er in ständiger Angst, weil ihn ein großes Problem beschäftigt, für das er keine Lösung sieht. Er sagt sich, sein Problem sei ganz schrecklich, und sieht sich als eigentliches Zentrum seines Problems. Er befürchtet, daß er es nie bewältigen wird, daß er seine Arbeit verliert und dann sein Leben vorbei ist. Diese Haltung bringt ihn aber von vornherein in eine ausweglose Situation. Wir haben ihm die hier beschriebene Technik der Problembewältigung gezeigt. Verfolgen Sie nun, wie Johannes mit Hilfe dieser Methode sein Problem löst.

Als ersten Schritt grenzt Johannes sein Problem genau ein. Er fragt sich also, seit wann er diese Angst kennt. Er findet heraus, was sie ausgelöst hat: Es war die Bitte seines Chefs, er solle doch zur Weihnachtsparty kommen. Hier kommt sein eigentliches Problem ins Spiel. Er hat Angst, zu Festen zu gehen, wo viele Leute sind – eine Angst, die er derzeit nicht überwinden kann. Leider hat er sich nicht getraut, das seinem Chef mitzuteilen. Er fühlt sich verpflichtet, hinzugehen, und ist doch nicht in der Lage dazu. Johannes befindet sich in einer echten Zwickmühle: Er hat seinem Chef zugesagt, zur Weihnachtsfeier zu gehen, um ihn nicht zu enttäuschen, ohne sich aber dazu imstande zu fühlen. Das ist der wahre Grund für sein Problem.

Bei der zweiten Lösungsetappe geht es darum, daß sich Johannes Informationen besorgt. Er fragt seine Kollegen, ob sie zur Weihnachtsfeier gehen. Er erfährt, daß die Mehrheit es vorhat. Auch ein enger Kollege von Johannes, der von seinen Panikattacken weiß, wird dort sein. Gleichzeitig hört er, daß die Lebensgefährten auch eingeladen sind.

Johannes erstellt durch Brainstorming und ohne Selbstzensur eine Liste der verschiedenen Lösungsmöglichkeiten:

- eine Lüge erfinden, und dem Chef mitteilen, daß man gern gekommen wäre, aber verhindert sei
- einfach nicht hingehen und hoffen, der Chef bemerkt es nicht
- den Arzt aufsuchen und um Beruhigungsmittel bitten, um hingehen zu können
- sich am Abend zuvor ein Bein brechen, um eine Entschuldigung zu haben
- seine Frau bitten, auf der Weihnachtsfeier in der Nähe zu bleiben und ihm Rückdeckung zu geben
- den Monat vor Weihnachten dazu nutzen, durch vermehrte soziale Kontakte die Angst zu verringern
- zum Chef gehen und ihm das Problem erklären
- …

Danach entschließt sich Johannes, die Lösungen auf dieser Liste zu prüfen. Sollte keine in Frage kommen, dann wird er weiter nach einem Ausweg suchen. Bei seiner Analyse legt er für sich fest, aus den verschiedenen Vorschlägen die beste Lösung zu zimmern. Aber es ist ihm zuwider, seinem Chef abzusagen. Deshalb beschließt er, an sich zu arbeiten und sich der Situation zu stellen. Johannes muß viel Angst aushalten, wenn er seine Panik bewältigen möchte. Er glaubt nun, er könne die Weihnachtsfeier sogar als Motivation dafür benutzen, andere soziale Kontakte zu pflegen. Zur eigenen Sicherheit bittet er seine Frau und seinen engen Kollegen, während der Weihnachtsfeier in seiner Nähe zu bleiben. Er ist sich nämlich nicht sicher, seine Angst innerhalb eines Monats überwinden zu können.

Johannes listet Situationen auf, mit denen er sich nach und nach konfrontiert. Dann setzt er seinen Plan um und begibt sich in die ausgewählten Angstsituationen.

Nach zwei Wochen zieht Johannes Bilanz. Er stellt fest, daß ihm trotz seiner Fortschritte nicht genug Zeit zur endgültigen Angstbewältigung bleibt. Er hat immer noch Angst, zur Weihnachtsfeier zu gehen, weil er die Örtlichkeiten nicht kennt. Seine Schlußfolgerung lautet: Er hat die Angstsituation „Weihnachtsfeier" nicht genau genug analysiert. Deshalb entschließt er sich, sein Problem nochmals genauer zu bestimmen. Johannes erkennt, daß er sich die Sache erleichtern kann, wenn er vorher den Ort aufsucht, wo die Feier stattfinden wird. Außerdem schlägt ihm sein Kollege vor, sich an einen Tisch nahe am Ausgang zu setzen.

Johannes gelingt es letztlich, auf die Weihnachtsfeier zu gehen. Obwohl er immer noch Angst verspürt, ist er sehr stolz auf sich. Johannes hat sich die Zeit genommen, um eine Lösungsstrategie für sein Panikproblem zu entwerfen. Dies ist für seinen Erfolg ausschlaggebend gewesen. Er hat den Teufelskreis der Panik durchbrochen. Erinnern Sie sich, wie Johannes zu Anfang noch mit seinem Problem umgegangen ist – die Dinge haben sich mit Hilfe dieses Vorgehens eindeutig zum Positiven gewendet.

Jetzt sind Sie an der Reihe! Lassen Sie sich auch in einer ausweglosen Situation Zeit für die Problembewältigung. Beobachten Sie sich. Manche Menschen neigen dazu, immer neue Ideen zu produzieren, ohne auch nur eine in die Tat umzusetzen. Andere wiederum neigen zu blindem Aktionismus, sie haben weder ihr Problem noch mögliche Lösungen herausgearbeitet. Bemühen Sie sich um eine ehrliche Selbsteinschätzung. Dann können Sie auch besser mit solchen Situationen umgehen und schließlich werden Sie ein Profi für die Lösung von Problemen.

### b) Sich mitteilen und sich selbst annehmen

Kommunikation und Selbstbejahung spielen für das persönliche Wohlbefinden und die persönliche Wertschätzung eine große Rolle. Für die körperliche wie für die seelische Gesundheit kann es negative Auswirkungen haben, wenn Gefühle ständig zurückgehalten werden. Ein Mensch, der nur schwer seine Bedürfnisse mitteilen kann, fühlt sich oft unzufrieden. Schlechte Kommunikation zwischen Lebenspartnern kann zu gegenseitigem Unverständnis und zu großer Vereinsamung führen. Dies alles kann den einzelnen stark belasten und für Panikanfälle anfälliger machen.

Wir können hier nicht ausführlich darstellen, wie man Schritt für Schritt gelungene Kommunikation und die positive Selbstannahme lernt. Trotzdem möchten wir beide Aspekte erwähnen, denn sie sind für ein ausgeglichenes Seelenleben sehr wichtig. Vielleicht bereiten Ihnen gerade diese Aspekte zwischenmenschlicher Beziehungen Schwierigkeiten. Das trägt dann sicherlich zu Ihrem Streß und zu den Paniksymptomen bei. Sie werden insgesamt verletzlicher, sei es in Ihrer Partnerbeziehung, bei Ihrer Arbeit oder in Ihrem Freundes- oder Familienkreis.

### c) Entscheidungen treffen und Risiken eingehen

Manche Menschen können einfach keine Entscheidungen treffen, oft weil sie Angst haben, eine Dummheit zu begehen.

Je weniger Entscheidungen man trifft, desto weniger Selbstvertrauen hat man. Und so schließt sich der gefürchtete Kreis wieder. Sie stabilisieren Ihr Selbstvertrauen, indem Sie zunehmend Verantwortung für sich übernehmen und Entscheidungen selbst treffen.

Entscheidungen zu treffen und Risiken einzugehen – das ist eng miteinander verknüpft. Sich zu entscheiden bedeutet oft, ein Risiko einzugehen. Das Leben ist nicht risikolos. Sie riskieren manchen Irrtum, die Kritik von anderen, den Verlust von etwas. Ihr Wagnis bringt Ihnen aber auch ein Stückchen Wahrheit, die Anerkennung durch andere, ein erfolgreiches und erfülltes Leben. Selbstvertrauen zu stärken ist ganz einfach, braucht jedoch viel Ausdauer. Beginnen Sie damit, eigene Entscheidungen zu treffen: Beginnen Sie mit Situationen ohne große Tragweite, indem Sie etwa im Restaurant das Essen selbst bestellen. Oder Sie suchen einmal die Fernsehsendung am Abend aus, statt die anderen auswählen zu lassen. Seien Sie also in Situationen entscheidungsfreudig, die keine große Tragweite haben.

Durch unser Training lernen Sie sich besser kennen. Sie entdecken Ihre Vorlieben und Ihre Ideen. Ihr Leben wird auf einmal viel interessanter und ereignisreicher. Sie vertrauen jetzt Ihren Fähigkeiten, selbst die richtigen Entscheidungen zu treffen. Daß das nicht immer reibungslos klappt, versteht sich von selbst.

Je mehr Fortschritte Sie machen, desto risikobereiter werden Sie. Machen Sie ruhig mal etwas ganz Verrücktes. **Trauen Sie sich nur.** Bei Selbstblockaden versuchen Sie herauszufinden, was Sie davon abhält, den nächsten Schritt zu machen. Vielleicht stellen Sie fest, daß hauptsächlich Sie selbst sich bremsen. Auf jeden Fall werden Sie auf Ihrem Weg zu mehr Selbständigkeit weiterkommen – Sie werden in Ihren Entscheidungen immer unabhängiger.

## Die Panikstörung mit Agoraphobie als ein Ganzes – eine systemische Betrachtung

Heute wird viel von Umwelt, Ökosystemen und Wechselbeziehungen gesprochen. Uns wird allmählich klar, wie wichtig das Überleben einzelner Elemente für das Überleben des ganzen Systems ist. Das Verschwinden einer Tier- oder Pflanzenart kann sich auf die ganze Nahrungskette auswirken und zum Aussterben anderer Spezies führen. Wenn der Mensch seine Umwelt und seine Mitgeschöpfe nicht schützt, dann läuft er Gefahr, irgendwann selbst auszusterben. Das Zusammenspiel von Mensch und Natur veranschaulicht beispielhaft das Funktionieren eines Systems. Der Einfluß auf ein Element kann auf das Ganze zurückwirken.

Was hat das nun mit Panik und Agoraphobie zu tun? Was für das Verhältnis von Mensch und Umwelt gilt, das gilt auch hier: **Die Panikstörung mit Agoraphobie ist ein System.** Weil sich der phobische Mensch zurückzieht, umhegt ihn die Umgebung ganz besonders oder nimmt ihn nicht ganz ernst. Eben weil er nicht gern aus dem Haus geht, wird er noch deprimierter und isoliert sich immer mehr. Weil er Angst vor der Angst hat, verliert er das Vertrauen in seinen Körper und glaubt an eine tiefere innere Ursache für seine Probleme – die Beschwerden nehmen zu, und er wird ängstlicher und ängstlicher.

Die Panikstörung mit Agoraphobie ist ein Ganzes, sie bildet ein System. Zu Recht fragen Sie sich, wo Sie mit der Therapie beginnen sollen – es ist ein Kreis ohne Ende. Egal an welcher Stelle Sie Ihr Problem anpacken, es gibt immer ein „Aber". Sie denken zwar, es wäre besser, einfach mal mit dem Handeln zu beginnen, **aber** Sie haben Angst vor den auftauchenden Gefühlen. Sie würden gerne entspannen und Ihre Angstgefühle abbauen, **aber** Sie haben Angst vor dem Alleinsein. Sie würden gerne eine Entscheidung treffen, **aber** Sie haben Angst, etwas Falsches zu tun und kritisiert zu werden.

Einmal angenommen, Sie haben die gleichen Probleme,

können aber nichts dagegen tun. Wenn Sie dann eine direkte Lösung suchen und den direkten Weg von A nach C einschlagen, werden Sie scheitern. Die Realität sieht anders aus: Sie erfordert etwa, zunächst von A nach F zu gehen, bevor Sie mit einem weiteren Umweg über S zu C gelangen. Wenn Sie sich einer Sache widmen, wirkt sich dies auch auf andere aus. **Sie können nicht alles kontrollieren.** Dadurch wird das Ganze schwieriger. Ständig müssen Sie sich mit Problemen auseinandersetzen, die sich Ihnen in den Weg stellen. Natürlich haben diese Handlungen auch Auswirkungen auf Ihre Umgebung. Ihre Mitmenschen können nicht wie gewohnt mit Ihnen umgehen und Sie weiter behüten oder ignorieren.

Versuchen Sie, einzelne Teile des Paniksystems zu verändern. Denn schon die Veränderung eines Teils wird Ihnen Vorteile bringen. Wenn Sie vor Ihren Gefühlen weniger Angst haben, werden Sie unabhängiger. Sie erleben Dinge, die Ihnen wieder Vertrauen in die Welt schenken. Sie werden den Kontakt zu Ihrer Umwelt wieder aufnehmen. Ihre Bekannten werden Sie zu Aktivitäten einladen, wodurch Sie weitere Fortschritte machen können. Ihre persönliche Wertschätzung wächst. Sie trauen sich wieder mehr zu und treffen mehr und mehr Entscheidungen selbst. Ihnen gelingt es, falsch verstandene Fürsorge zurückzuweisen. Weil das Ganze ein System ist, beeinflußt die positive Wirkung eines Teils die anderen Teile. Es ist zu Beginn für Sie nicht vorhersehbar gewesen, daß sich die positiven Effekte im ganzen System fortpflanzen. Entscheidend ist, daß Sie mit der Veränderung bestimmter Teile des Systems beginnen. Erwarten Sie aber nicht, alles kontrollieren zu können. Dann haben Sie gute Chancen, von einigen Teilen eine positive Antwort zu erhalten – einige Menschen aus Ihrer nächsten Umgebung werden Sie sicherlich bei Ihrer Selbsttherapie unterstützen.

## a) Wie kann die nächste Umgebung helfen?

Erklären Sie Ihren Anghörigen, Freunden usw. die einzelnen Schritte Ihrer Selbsttherapie. Dadurch bauen Sie in Ihrem Umfeld Widerstände ab und erreichen eine gute Zusammenarbeit. Sie können Ihren Angehörigen vorschlagen, das ganze Buch oder Auszüge daraus zu lesen, damit sie Ihre Probleme besser verstehen. Allerdings tragen Sie auch weiterhin die Verantwortung für Ihre Therapie. Der Weg zur Selbständigkeit führt nur über die eigene Verantwortlichkeit. Schieben Sie die Verantwortung nicht auf Ihre Angehörigen ab. Das würde Ihre Therapie unwirksam machen. Planen Sie Ihre Behandlung selbst.

Das heißt nun nicht, daß Sie gänzlich auf die Unterstützung und Aufmunterung Ihrer Mitmenschen verzichten müssen. Es gibt viele Formen für eine produktive Zusammenarbeit, von denen wir Ihnen hier einige nennen:

- Der Schwierigkeitsgrad der Übungen läßt sich allmählich steigern: Bei der ersten Konfrontation mit einer Angstsituation begleitet Sie jemand aus Ihrer Umgebung. Beim nächsten Mal bleibt die Begleitperson auf Distanz. Zum Schluß brauchen Sie keine Begleitung mehr, Sie stellen sich der Paniksituation ganz allein.
- In einer persönlichen Krise können Ihnen andere Menschen Trost spenden und Sie an Ihre Erfolge erinnern. Oder Sie nehmen Ihr Logbuch zur Hand und vergegenwärtigen sich die bisherigen Fortschritte.
- Wenn Ihr Lebenspartner grundsätzlich alle Entscheidungen trifft, beginnen Sie nun damit, selbst Entschlüsse zu fassen. Bitten Sie Ihren Partner, Ihre Entscheidungen nicht gleich zu kritisieren, damit Sie wieder Selbstvertrauen gewinnen.

Dies kann die Basis für eine gute Zusammenarbeit mit Ihrem Partner und auch anderen Menschen bilden. Nehmen Sie sich nun die Zeit und überlegen sich ganz genau, wie Ihnen andere helfen können und was für Sie eher hinderlich ist. Je besser Sie das einschätzen können, desto besser können Sie mit anderen Menschen über Ihre Probleme sprechen. Das ist die Voraussetzung für eine gewinnbringende Zusammenarbeit.

### b) Wann soll ich mit meiner Behandlung aufhören?

Oft besteht die Neigung, mit der Behandlung aufzuhören, wenn man sich ein wenig besser und selbständiger fühlt. Wenn Ihnen das auch so geht, bedenken Sie die Konsequenzen, bevor Sie diese Entscheidung treffen. Ob ein frühzeitiger Behandlungsabbruch für Sie Risiken birgt, hängt davon ab, wie stabil Ihre Persönlichkeit ist. Einen Teil des Paniksystems nicht mehr weiter zu behandeln, kann das Risiko eines Rückfalls erhöhen. Unser Erklärungsansatz ist auch hier wieder systemisch.

Sie können sich ruhig einmal einen Ausrutscher erlauben. Ein einzelner Aspekt trägt nicht das gesamte Gebäude Ihrer Panik. Es ist zum Beispiel nicht schlimm, wenn jemand, der sonst keine Angst vorm Fliegen hat, einmal das Flugzeug nicht nimmt, solange er daraus keine Gewohnheit macht. Das Vermeidungssystem wird sich dadurch nicht sofort etablieren. Die gleiche Person würde aber einen Rückfall riskieren, wenn sie häufiger mit dem Taxi zur Arbeit fahren würde, um der Angst vor dem Busfahren aus dem Weg zu gehen.

Wenn Sie sich entscheiden, einen Aspekt Ihrer Panik nicht zu behandeln, dann überlegen Sie sich gut, welche längerfristigen Folgen das für Ihre neugewonnene Lebenshaltung haben könnte.

## Wenn Probleme auftauchen – das Scheitern der Selbsttherapie

Sie haben bisher verschiedene Strategien zur Selbsttherapie Ihrer Panik und Agoraphobie kennengelernt. Die meisten unter Ihnen werden sie entweder ohne Hilfe anwenden können oder zusammen mit einem Psychologen oder einem anderen Helfer. Einige Betroffene sind weniger erfolgreich: Sie sind nicht zufrieden mit der Umsetzung. Andere wiederum erleben Phasen des Stillstandes, in denen sie keine Fortschritte mehr erzielen. Bei den wenigsten stellt sich nur eine geringe oder gar keine Verbesserung ein. Ihre Selbsttherapie ist gescheitert. Die unterschiedlichen, teilweise enttäuschenden Ergebnisse hängen mit mehreren Faktoren zusammen:

Sie haben regelmäßig Fortschritte gemacht und plötzlich bleiben Verbesserungen aus. Lassen Sie sich nicht frustrieren. Machen Sie mit Ihrer Therapie weiter. Solche Phasen des Stillstandes sind normal. Machen Sie weiterhin Ihre Übungen. Es ist sehr wahrscheinlich, daß Sie nach einer bestimmten Zeit wieder vorankommen. Sie können diese „Pausen" auch nutzen: Prüfen Sie, ob Ihre Übungen passend sind, ob der Schwierigkeitsgrad stimmt. Konzentrieren Sie sich auf die bisherigen Erfolge. Schauen Sie nochmals die begünstigenden und auslösenden Faktoren an. Vielleicht haben sich die zu Therapiebeginn identifizierten Faktoren verändert oder andere sind hinzugekommen. In diesem Fall müssen Sie Ihre Behandlung neu ausrichten.

Es gibt weitere Gründe, die den Erfolg Ihrer Therapie vermindern: So können etwa andere Schwierigkeiten zur Agoraphobie hinzukommen. Das ist meistens sehr belastend, beispielsweise wenn eine tiefe Depression erlebt wird. Die Techniken und Übungen kann man dann nicht durchführen, weil man sich in einer tiefen Depression nicht richtig damit auseinandersetzen kann.

Es kann auch sein, daß jemand seine Schwierigkeiten völlig

in sein Leben integriert hat; sie sind gewissermaßen zu einem Teil der Persönlichkeit geworden. Das bedeutet nicht zwangsläufig, daß die Selbsttherapie scheitern muß. Der Betroffene muß sich jedoch gleichzeitig um seine Panikattacken und um seine Persönlichkeit kümmern.

Personen, deren Panikstörung durch ein anderes Problem überlagert wird, haben es schwer, ihre Probleme allein zu beheben. Sie brauchen normalerweise professionelle Hilfe. Falls dies auf Sie zutrifft, raten wir Ihnen, sich an einen Psychologen zu wenden. Er kann Ihre Beschwerden diagnostizieren und Ihnen wieder zu mehr Lebensqualität verhelfen. Ihre Therapie wird aufgrund der Komplexität Ihrer Probleme wahrscheinlich länger dauern. Sie müssen also lernen zu akzeptieren, daß sich Ihre Schwierigkeiten nicht alle auf einmal lösen und daß Sie schrittweise vorgehen müssen.

Ein weiterer Grund für den geringen Erfolg oder gar das Scheitern der Therapie kann in einer falschen Diagnose liegen. Wenn Paniksymptome mit ähnlichen Symptomen verwechselt wurden, dann glaubt man fälschlicherweise an eine Panikstörung mit Agoraphobie. Es ist also eine falsche Diagnose. Deshalb ist es sinnvoll, nochmals aufmerksam die Ursachen der Panikstörung zu betrachten, ebenso die Prädispositionen, die auslösenden und begünstigenden Faktoren sowie die diagnostischen Kriterien. Das Gespräch mit einem Experten kann vielleicht mehr Klarheit bringen, bevor man mit der Selbsttherapie fortfährt und die hier beschriebenen Methoden anwendet, die vielleicht gar nicht auf das Problem passen.

Scheitert Ihre Therapie, verzagen Sie trotzdem nicht. Es ist keine Katastrophe. Es könnte ja sein, daß Ihre Schwierigkeiten zu tief liegen oder zu komplex sind. Sie können sich also nicht erfolgreich und ohne fremde Hilfe therapieren. Sie sollten einen Psychologen für Verhaltenstherapie und kognitive Therapie aufsuchen, der Ihnen sicherlich weiterhelfen wird. 10 bis 15 Prozent der Betroffenen sprechen gar nicht oder nur wenig auf die Behandlung an. Die Gründe dafür sind noch nicht geklärt. Glücklicherweise gibt es auch andere Therapieformen und andere psychologische Methoden zur Behebung dieser Störungen. Sie können gegebenenfalls einen Psychologen aufsuchen, der zunächst eine genaue Diagnose erstellt. Er wird danach eine Therapie einleiten oder andere Behandlungsmöglichkeiten vorschlagen.

Zum Abschluß unseres Ratgebers möchten wir Sie kurz über Selbsthilfegruppen informieren.

## Selbsthilfegruppen

Es gibt immer mehr Selbsthilfegruppen für Menschen mit Panikstörung und Agoraphobie. Sehr oft haben die Ratsuchenden schon länger mit diesen Gruppen geliebäugelt, bevor sie hinzugehen wagen oder von einem Teilnehmer mitgenommen werden. Sind solche Selbsthilfegruppen für Agoraphobiker überhaupt sinnvoll? Welche Vorteile bringen sie? Sollten Betroffene daran teilnehmen? Welchen Platz nehmen die Selbsthilfegruppen im Gesundheitssystem ein? Wir werden diese Fragen gleich beantworten. Zunächst werden wir die Zielsetzung und die Arbeit der Selbsthilfegruppen kurz vorstellen. Dann werden wir unsere Vorstellungen und auch unsere Vorbehalte gegenüber Selbsthilfegruppen darlegen.

### a) Was sind Selbsthilfegruppen?

Selbsthilfegruppen sind kleine, selbständige, offene Gruppen, die sich regelmäßig treffen. Die Gruppenmitglieder leiden am gleichen Problem, und das verbindet sie stark miteinander. Oft geht es um die Unterstützung bei speziellen Problemen (z. B. Alkoholismus, Drogenabhängigkeit, Phobien, Gewalt, Tod). Die Teilnehmer tauschen ihre Erfahrungen und Informationen im Gespräch aus. Die Arbeit der Selbsthilfegruppen zielt auf eine Veränderung des sozialen Verhaltens der Betroffenen. Die Teilnahme ist freiwillig. Regelmäßige Zusammenkünfte und gegenseitige Hilfeleistungen sind die Eckpfeiler der Selbsthilfegruppen.

Die Gruppentreffen fördern den Unternehmungsgeist der Teilnehmer. Selbsthilfegruppen sind ein Informationsforum für die Beteiligten und für die Öffentlichkeit. Manchmal können sie durch die Medien öffentlichen Druck ausüben. Ihre Arbeit umfaßt viele Tätigkeiten: Telefonberatung, Hausbesuche, Informationsbroschüren, Informationsveranstaltungen für die Öffentlichkeit. Damit können die Selbsthilfegruppen gleichzeitig auf sich aufmerksam machen und Betroffenen den ersten Kontakt erleichtern.

Die meisten Betroffenen haben gute Erfahrungen mit Selbsthilfegruppen gemacht. Immer wieder hervorgehoben wurde:

1. **Die emotionale Wärme:** Die Teilnehmer fühlen sich akzeptiert, können ihren Gefühlen freien Lauf lassen, genießen den Rückhalt aus der Gruppe, fühlen sich ermutigt und bekommen die Bestätigung, normal zu sein.

2. **Die Möglichkeit, Menschen mit ähnlichen Problemen zu begegnen,** und die Chance, neue Freundschaften zu schließen.

3. **Die Selbsterkenntnis:** Die Teilnehmer können von sich selbst erzählen, ihr Leid formulieren und eigenen Geheimnissen nachspüren.

4. **Die gemeinsame Klärung eines Problems:** Die Gruppe läßt sich auf ein bestimmtes Problem ein, analysiert es und schlägt Lösungen vor.

5. **Die Möglichkeit des Vergleichs:** Beispielsweise können die Teilnehmer etwas über die Häufigkeit von Panikstörungen in der Gesamtbevölkerung erfahren.

## b) Selbsthilfegruppen bei Panikstörung mit Agoraphobie

Die Hauptziele von Selbsthilfegruppen für Personen mit Panikattacken und Agoraphobie lassen sich folgendermaßen zusammenfassen: Den Betroffenen zu helfen, aus ihrer Isolation herauszukommen, bei Bedarf professionelle Hilfe zu vermitteln und sowohl in der Öffentlichkeit wie auch in Spezialistenkreisen Aufklärung zu betreiben. Selbsthilfegruppen finanzieren sich hauptsächlich über die (geringen) Beiträge der Teilnehmer und kaum oder gar nicht über öffentliche Kassen. Dabei stellen sie durch ihre Arbeit einen nicht zu unterschätzenden Wirtschaftsfaktor dar: Durch Information und Beratung, durch konkrete Maßnahmen und Adressen wird den Betroffenen geholfen, ihren Alltag wieder zu meistern und sich wieder ins Arbeitsleben einzugliedern.

## c) Soll man in eine Selbsthilfegruppe gehen?

Es gibt keine einfache Antwort auf diese Frage. Viel hängt von Ihren Bedürfnissen und von den Möglichkeiten der Selbsthilfegruppe ab. Sie sollten sich zuerst über die Zielsetzungen der Gruppe informieren: Sind die Ziele realistisch oder aus der Luft gegriffen? Gibt es ein Programm oder eine Satzung, um die Zielrichtung der Gruppe schnell zu überschauen? Seien Sie auf jeden Fall vorsichtig! Informieren Sie sich über die Angebote wie Informationsabende, Telefonberatung, Informationsbroschüren sowie unterstützende Gruppen, den Gruppengesprächsstil usw. Schätzen Sie die Glaubwürdigkeit der Selbsthilfegruppe ein: Wie ist die Gruppe organisiert? Wie lange gibt es die Gruppe schon? Arbeitet geschultes Personal mit?

Wenn Zielsetzung und Organisation der Selbsthilfegruppe Ihren Vorstellungen entsprechen und wenn die Gruppe glaubwürdig und offen erscheint, dann steht Ihrer Teilnahme nichts mehr im Wege. Besuchen Sie die ersten Treffen und machen Sie eine erste Gruppenerfahrung, bis Sie sich ein besseres Bild

von der Selbsthilfegruppe machen und deren Nutzen abschät-
zen können. Es kann manchmal sehr hilfreich sein, in einer
Gruppe neue Informationen zu erarbeiten, sich mit Gleichge-
sinnten zu treffen, Probleme gemeinsam zu diskutieren, sein
Leid zu klagen, sich zu offenbaren und Unterstützung und
Rückhalt von den anderen Teilnehmern zu erfahren.

Passen Sie aber auf: Die Teilnahme an Selbsthilfegruppen
ist nicht ohne Risiko. Ihnen muß von vornherein klar sein,
daß Selbsthilfegruppen nicht die Aufgabe haben, Sie zu therapieren oder Ihnen die richtige Diagnose zu stellen. Nehmen
Sie sich vor Gruppierungen in acht, die Ihnen phantastische
Therapien anpreisen. Es gibt nämlich nicht wenige Organisa-
tionen, die vorgeben, therapeutisch zu arbeiten. Wenn Sie eine
Therapie machen möchten, dann gehen Sie lieber zu einem
Psychologen.

Ein anderes Problem hängt mit der Gruppenstruktur zusammen: Es kann vorkommen, daß die Gruppe nicht auf die
Bedürfnisse des neuen Teilnehmers eingeht, weil es unterschiedliche Zielvorstellungen gibt oder der „Neue" einfach
nicht in die Gruppe paßt. Manchmal herrscht innerhalb der
Gruppe eine starke Kontrolle. Oder eine Person dominiert alle
anderen. Das kann mit internen Machtstrukturen zusammenhängen. Oder mit der Ungeduld der alten Gruppenmitglieder,
die Ratschläge erteilen, ohne dem neuen Gruppenmitglied
überhaupt zuzuhören. In einigen Selbsthilfegruppen gibt es
Personen, die die Gruppendynamik stören, weil sie unter
mehreren psychologischen Problemen gleichzeitig leiden und
sich dieser speziellen Gruppe angeschlossen haben, obwohl
sie eigentlich nicht dazu passen.

### d) Die weitere Entwicklung der Selbsthilfegruppen

Es steht außer Frage: Selbsthilfegruppen erweisen Menschen
mit Panikattacken und Agoraphobie gute Dienste; sie haben
ihren Platz gefunden und zeigen vielversprechende Ansätze

für die Zukunft. Sie erfüllen ganz bestimmte Bedürfnisse (Information, Telefonberatung, konkrete Hilfsmaßnahmen usw.) und fördern die Selbständigkeit ihrer Mitglieder. Sie ergänzen die professionelle Versorgung der Betroffenen auf sinnvolle Weise. Weil Selbsthilfegruppen ein neueres Phänomen sind und weil es immer mehr davon gibt, ist eine Koordinierung der vielen Gruppen und eine Abstimmung ihrer Ziele sicherlich angebracht. Zusätzlich sollte in jeder Gruppe ein Spezialist für Panikstörung und Agoraphobie mitarbeiten. Es wäre auch an der Zeit, Personen aus den Selbsthilfegruppen professionell auszubilden.

## Zusammenfassung und Ausblick

In unserem letzten Kapitel haben wir mehrere Behandlungsstrategien zur Verbesserung der Lebensqualität und zur Verbesserung des individuellen Wohlbefindens dargestellt. Wir haben von Entspannung und Problembewältigung, Kommunikation und Selbstbestimmung gesprochen. Diese Strategien zielen nicht nur auf eine Bewältigung Ihrer Panikstörung mit Agoraphobie, sondern insgesamt auf die Verbesserung Ihrer Lebensumstände. Sie könnten sich also von jeder dieser Strategien angesprochen fühlen. Doch nicht jede hat für Sie die gleiche Bedeutung. Es gibt zwar immer tausend Ansätze zu Verbesserungen und Veränderungen, aber einige Aspekte Ihres Lebens sind doch wichtiger als andere. Überlegen Sie, auf was es Ihnen augenblicklich ankommt. Entscheidend ist aber letztendlich, daß Sie handeln. Wählen Sie irgendeine Stelle Ihres Paniksystems und setzen Sie mit der Therapie dort an. Sie haben gelesen, daß manche Menschen mit Panikattacken professionelle Hilfe brauchen, bevor sie mit der Selbsttherapie anfangen können. Zum Schluß haben wir uns dem Thema Selbsthilfegruppen gewidmet.

Ihre Reise mit unserem Ratgeber geht nun zu Ende. Wir haben Sie auf jeder Seite bei Ihren Übungen begleitet. Wir hoffen, daß Sie sich nach jeder Übungsetappe wohler gefühlt haben. Manche Übungen mögen für Sie schwierig gewesen sein, dafür wurden Sie anderweitig belohnt. Ihr Erfolg wurde möglich, weil Sie alle Übungen durchgeführt haben: Sie konnten Ihre Ängste abbauen und fühlen sich in Ihrem Leben wieder besser. Manche Methode ist Ihnen wahrscheinlich zur zweiten Natur geworden, während Sie andere immer noch ganz bewußt einsetzen müssen. In den Übungen, die Sie völlig verinnerlicht haben, sind wir sozusagen immer noch präsent – so werden wir Sie auch weiterhin begleiten. Gehen Sie auch künftig behutsam mit sich um. Nur so können Sie sich selbst helfen oder auf eigenen Wunsch von anderen helfen lassen. Das Leben ist ein faszinierendes Abenteuer voller Überraschungen – Sie brauchen nur den richtigen Zugang dazu und können dann Ihr Leben in vollen Zügen genießen. Wir wünschen uns von Herzen, Ihnen mit unserem Ratgeber zu mehr Lebensfreude verholfen zu haben.

Viel Glück auf Ihrem weiteren Weg!

# Nützliche Adressen

## Selbsthilfeorganisationen

Agoraphobie e. V.
Albrecht-Achilles-Str. 65
10709 Berlin
Tel.: 030 / 8 91 60 85

MASH
Münchner Angst-Selbsthilfe e. V.
Bayerstr. 77 a Rgb.
80355 München
Tel.: 089 / 5 43 80 80

PAN
Selbsthilfe-Initiative für Menschen mit Angst- und Panikge-
fühlen
Postfach 4112
50231 Trier
Tel.: 0651 / 5 38 82

*Weitere Adressen von Selbsthilfegruppen finden Sie in der Re-
gel über den Selbsthilfegruppenkalender in Ihrer Tageszei-
tung.*

## Hilfe und Beratung finden Sie auch über folgende Organisationen

*(Anschriften jeweils im örtlichen Telefonbuch):*

– evangelische und katholische Kirche
– Telefonseelsorge
– Sozialdienst der psychiatrischen Kliniken
– Verband der freien Wohlfahrtspflege (Arbeiterwohlfahrt,

Arbeiter-Samariter-Bund, Deutscher Caritasverband, Deutscher Paritätischer Wohlfahrtsverband [DPWV], Deutsches Rotes Kreuz, Diakonisches Werk der Evangelischen Kirche)
- Krankenkasse
- Familienberatungsstelle
- Ambulanzen der Psychiatrischen Polikliniken aller Universitäten

### Adressen von Verhaltenstherapeuten in Ihrer Nähe

*Diese Adressen können Sie über Ihre Krankenkasse erfragen. Weiterhin helfen die psychologischen Beratungsstellen des Diakonischen Werks und des Caritasverbandes.*

### Kliniken, die verhaltenstherapeutisch arbeiten

Psychosomatische Fachklinik
24576 Bad Bramstedt

Psychosomatische Fachklinik
Bombergallee 10
31812 Bad Pyrmont

Fachklinik Hochsauerland
Zu den drei Buchen 2
57392 Fredeburg/Schmallenberg

Klinik am Hainberg
Abt. für Verhaltenstherapie
Ludwig-Braun-Str. 32
36251 Bad Hersfeld

Psychosomatische Fachklinik
St. Franziska-Stift
Franzisca-Puricelli-Str. 3
55543 Bad Kreuznach

Klinik Berus
Orannastr. 55
66802 Überherrn-Berus

Psychosomatische Fachklinik
Münchwies
Turmstr. 50–58
66540 Neunkirchen/Saar

Psychosomatische Fachklinik
Kurbrunnenstr. 12
67098 Bad Dürkheim

Luisenklinik
Luisenstr. 56
78073 Bad Dürrheim

Klinik Roseneck
Am Roseneck 6
83209 Prien/Chiemsee

Fachklinik Furth im Wald
Eichertweg 37
93437 Furth im Wald/Oberpfalz

Fachklinik Landgraf Friedrich
Landgrafenplatz 1
61381 Friedrichsdorf/Ts.

# Ängste und Depressionen bewältigen

Verena Kast
**Vom Sinn der Angst**
Wie Ängste sich festsetzen und wie sie sich verwandeln lassen
224 Seiten, Klappenbroschur
ISBN 3-451-26151-0
Angst: Ihre Dynamik durchschauen – die Persönlichkeit stärken.

Gerhard Zarbock
**Heilen durch Erfahrung**
Einführung in die integrative Verhaltenstherapie –
Grundlagen und Anwendungen
160 Seiten, Klappenbroschur
ISBN 3-451-23785-3
Ausweg aus Angst und Lebenskrisen: Die Verhaltenstherapie gibt
konkret und konzentriert individuelle Hilfen bei der Bewältigung von
Problemen.

Santuzza Lischi-Coradeschi
**Ich war Komplizin meiner Angst**
Tagebuch einer Depression
256 Seiten, gebunden mit Schutzumschlag
ISBN 3-451-23142-5
Der atemberaubende Bericht einer ganz „normalen" Frau, die endlich
besiegt, was sie selbst zerstört.

# HERDER

Andrea Hesse
**Schatten auf der Seele**
Wege aus Angst und Depression – Meine Erfahrungen
mit Therapien
Band 4510
Eine Betroffene zeigt, wie es gelingen kann, die Zwischentöne im Leben
zu integrieren.

Nicolas Hoffmann
**Seele im Korsett**
Innere Zwänge verstehen und überwinden
Band 4303
Zwangshandlungen – eine der gravierendsten Persönlichkeitsstörungen
unserer Zeit. Ein Aufklärungs- und Orientierungsbuch zum Umgang mit
den eigenen Zwängen.

Eckhart H. Müller
**Ausgebrannt – Wege aus der Burnout-Krise**
Band 4266
Wie sehen die ersten Anzeichen des Burnout aus? Was kann man tun, um
eine echte Krise wirksam zu verhindern?

Gina Kaestele
**Umarme deine Angst**
Neun Helfer zur Verwandlung von Hilflosigkeit und Angst
Das praktische Selbsthilfeprogramm
Band 4179
Die erfahrene Therapeutin zeigt, wie sich Unsicherheit und Angst in
positive Kraft verwandeln lassen.

**HERDER** / SPEKTRUM

# Leben in Beziehungen

HERDER

HERDER